创新型普通高等院校精品教材
互联网+教育改革+课程思政新理念教材

大学生
职业生涯规划

DAXUESHENG ZHIYE SHENGYA GUIHUA （含微课）

主　编：王　廷　王　楠　郭贝贝
副主编：甘素冰　朱晓玲　舒晓娅
王　鑫　金　璐

中国纺织出版社有限公司

内容提要

在今天这个人才辈出的时代，职业生涯规划已经成为就业争夺战中一项重要的利器，也是大学毕业生顺利找到施展才华岗位的关键因素。未来掌握在自己手中，每一位大学毕业生都应该趁着人生刚刚翻开新篇章，做好职业生涯规划，找准目标和方向，努力前进。本书在内容上注重以国家政策为依据，紧密结合当代大学生自身特点和社会对大学生的培养要求，符合大学生接受并实践职业生涯规划的逻辑顺序，既充分考虑了理论体系的完整性，也突出了课堂教学的实践性，语言通俗易懂，言简意赅。

图书在版编目（CIP）数据

大学生职业生涯规划/王廷，王楠，郭贝贝主编．--北京：中国纺织出版社有限公司，2021.8

ISBN 978-7-5180-8780-8

Ⅰ．①大… Ⅱ．①王…②王…③郭… Ⅲ．①大学生—职业选择 Ⅳ．①G647.38

中国版本图书馆 CIP 数据核字(2021)第 160753 号

责任编辑：宗　静　朱冠霖　　　责任校对：王蕙莹
责任印制：王艳丽

中国纺织出版社有限公司出版发行
地址：北京市朝阳区百子湾东里 A407 号楼　邮政编码：100124
销售电话：010－67004422　传真：010－87155801
http://www.c-textilep.com
中国纺织出版社天猫旗舰店
官方微博 http://weibo.com/2119887771
定州市新华印刷有限公司印刷　各地新华书店经销
2021 年 8 月第 1 版　2021 年 8 月第 1 次印刷
开本：787×1092　1/16　印张：11.5
字数：217 千字　定价：45.00 元

前　言

在社会就业竞争日趋激烈的形势下，高校从学生入学起就开展职业生涯规划课程是具有重要意义和作用的。大学期间开展职业生涯规划教育不仅使大学生在入学初始阶段就了解自己、了解社会，激发学习的积极性和主动性，而且能够促使大学生设定明确的人生目标和职业目标，以此激发大学生注重综合能力和素质培养，有效地提高大学生的就业竞争力。

职业生涯规划的相关理论最早在西方悄然兴起，20 世纪 90 年代经由欧美国家传入中国。职业生涯规划结合时代特点，既体现了个人对自身能力、爱好、特长、不足等主观条件的综合分析，又显示了工作环境、工作性质等客观条件对规划者的限制，所以作为人力资源管理理论的重要内容之一，职业生涯规划相关理论越来越得到各大企业的热情关注，同时在高校大学生就业指导中获得认可。

大学是人生当中最宝贵的时光，是决定一个人今后发展、走向的关键时期。加强大学生职业生涯发展教育，培养大学生建立独立的职业生涯发展意识，树立正确的世界观、人生观、价值观，自觉地把个人发展和国家需要、社会发展紧密联合在一起，愿意为个人的生涯发展和社会发展主动付出积极的努力，这是现今高校应当肩负起的重要责任。

本书在编写过程中，借鉴、参考了部分国内外生涯发展、职业规划等方面的文献资料，以及一些专家学者的理论和观点，在此表示由衷的感谢！

由于时间和编者水平所限，书中难免有疏漏和不妥之处，真诚希望广大读者能够多提宝贵建议和意见，以便能更好地修订和完善。

编者

2021 年 3 月

目　录

第一章　实现未来梦想的路径

——职业生涯规划概述

案例解读

小梁，男，22 岁，本科学历。应届毕业生，机械专业，无工作经验。性格坚韧，谨慎认真，学习能力强。个人目标是高级机械设计师。

小梁当过班长，有领导者的潜质。2020 年由于新冠疫情的影响，很多企业处于停滞状态，导致他出现了找工作难的问题。同时他自己也不清楚找什么样的工作，或者说他不知道该怎样确定自己最终要找什么样的工作。

小梁毕业时，最头痛的事是没实习经历，感觉自己所学的专业知识对找工作没有什么帮助。虽说家里人没给他什么压力，但是小梁认为自己先要独立找份工作。有了这个想法后，他便和大多数人一样，选择了先就业后择业的找工作道路。

因为小梁抱着先就业的想法，便在饭馆找了一个服务员的职位。当初计划很快换一个工作，但是因为自己太过小心谨慎，小梁一次又一次地失去了换工作的好机会。在饭馆干了一段时间赚了些钱，小梁便开始后悔，后悔自己在大学中所学的东西全都荒废掉，不仅如此，还把自己的领导潜质消磨得干干净净，现在看上去就是一个普通得不能再普通的服务员。

这是小梁的“悲哀”，也给我们当今大学生敲响了警钟，不能盲目地跳到复杂的社会中去。自己必须有一个完整的职业生涯规划，有自己的目标。

大学是人生最富有青春活力的阶段，但大学也是人生最容易留下遗憾的阶段。当代大学生在经过十几年的艰苦学习之后，终于走向了“自我管理”的新生活。他们进入大学之后，生活、学习、娱乐、交友几乎完全由自己掌握，许多刚踏入大学校门的新生往往没有真正了解大学的地位和作用，缺乏独立生活和自我管理的能力，更谈不上进行职业生涯规划，以致在毕业之时回首大学生活，都发出了“等到明白大学应该怎样度过时，大学已向我们挥手而去”的感叹。

第一节 大学与职业生涯发展

每年金秋季节，总有大批学子通过辛勤的努力，叩开高等学府的大门。大学是青年人成才的新起点，又是人生发展历程的一大转折点。因此，如何尽快适应大学生活，对于新生来说尤为重要。

一、大学生活的特点与要求

（一）大学生活的特点

1. 生活独立性变强，需要自立

在中学时代，学生多在家乡附近就读，衣食住行、生活起居大都依靠父母亲友的料理照顾，个人不必操心。而到了大学则完全不同了，由于远离家乡亲人，诸如看病、购物、洗衣服、吃饭等许多生活琐事无不由自己安排。

2. 教育环境宽松，需要自我管理和自我教育

大学虽然相对中学而言课程增多，教学进度加快，课程难度加大，自学内容增多，但是学习氛围整体还是比较宽松的，监督机制不强，自觉、自主学习尤为重要。大学生个性张扬，自我约束力不强，再加上大学被动管理比中学要少得多，主要依靠学生的自我管理和自我教育，容易放松自我要求，产生懈怠情绪，从而缺失奋斗的目标。

3. 联系社会密切，需要自律诚信

大学与社会的联系较中学更为密切，同时大学本身也是一个“小社会”，难免社会上的不良习气渗透进来，使思想道德可塑性较强的大学生受到不良诱惑。大学生要自觉加强道德修养，不要随心所欲，放纵自己，要从一点一滴的小事做起，坚持“慎独”和“吾日三省吾身”的道德修养原则，堂堂正正诚信做人。

《礼记·学记》中说“独学而无友，则孤陋而寡闻”。大学生的人际交往是十分广泛的，在校内要与老师、同学、老乡、朋友交往，在校外无论社会实践、实习还是社会调查，都要与社会各个方面的人打交道。而与人交往的基础是自尊和尊人。著名画家徐悲鸿说过：“人不可有傲气但不可无傲骨。”因此，大学生在交往中既要善交友，广交友，交好友，又要讲究做人的道德，把握交往的原则，力求做到自尊自爱，光明磊落。大学是青年人成长和成才的一方肥田沃土，是锤炼优秀人才的大熔炉。

4. 社会环境及就业压力变大，需要自强自信

心理素质也有人称为情绪智商或者非智力因素，它是一个人成才的精神支柱，在青年人成才的过程中，良好的心理素质必不可少。正确和乐观的人生态度、稳定的情绪、良好的意志品质是大学生良好心理素质的基础。大学生要圆满地完成自己的学业，必须自强自信，要相信自己的能力，善于参与，敢于竞争，勇于吃苦耐劳，克服自身的弱点，善于战胜和超越自我，做生活和学习的强者；面对困难和挫折，要以平静的心态接受，以积极的态度去克服，而不要怨天尤人，更不要自暴自弃。

（二）大学生活的要求

大学没有升学的压力，因此，学习上的自觉性显得尤其重要。有些新生到了大学后认为可以好好玩一玩，不必一开始就搞得那么紧张，这种想法是错误的。古人云：勤能补拙是良训，一分辛苦一分才。大学的学习更要勤奋和刻苦，力戒浮躁、懒惰、自我满足和功利主义，不要想投机取巧走捷径，只有拥有真才实学，才能增强将来就业和创业的实力。每一个新生都要尽快适应大学的生活和学习，为今后的成长、成才奠定稳固扎实的基础。

1. 学会适应环境，初步了解职业，提高人际沟通能力（第一阶段）

学会适应大学生活是成才的基础，大学新生要克服过去处处依赖别人的心理，学会有条理地安排自己的生活，学会理财，培养独立生活的能力，做好自己的后勤部长。生活自立和自理是人类生存发展的基本需要，也是大学生活的第一课，作为大学新生一定要过好这一关。同时要探索职业兴趣，确定职业发展方向；向师哥师姐们请教个人职业生涯规划问题，询问就业情况；参加学校活动，增加交流技巧；学习计算机知识，辅助自己的学习。

2. 面对社会需求，提高基本素质，推进职业生涯设计（第二阶段）

通过专业课的学习与实践积累职业能力，打造职业品质，奠定职业发展基础。通过参加学生会或社团等组织，锻炼自己的执行、组织、协调与沟通等能力，同时检验自己的知识技能；尝试兼职、社会实践活动，并具有坚持性；提高自己的责任感、主动性和受挫能力，加强英语口语及计算机应用能力。自主推进职业生涯设计。

3. 提高求职技能，搜集公司信息，执行职业生涯规划并成功就业（第三阶段）

通过生涯访谈和实习转化职业能力，强化执行能力，完成职业人转变；参加与专业相关的暑期工作和培训，学会写简历、求职信；同时要积累求职技巧、进行模拟面试演练等，强化自我营销能力，主动就业；关注就业指导中心讯息，扩充搜集工作信息的渠道，并针对性查找意向公司资料及信息，积极参加相关招聘活动。在实践中检验自己的积累和准备。

二、大学专业学习与职业发展的关系

大学专业是指高等学校根据国家建设及社会专业分工的需要而设立的学业类别，各个专业都有独立的教学计划，以实现专业的培养目标和要求。根据教育部颁布的《普通高等学校本科专业目录（2020 年版）》，目前我国共分设哲学、管理学、教育学、经济学、法学、文学、历史学、理学、工学、医学、农学、艺术 12 个学科门类（不含军事学），92 个专业类，740 种专业。这些专业种类较好地体现了拓宽专业口径、增强社会适应性的特点，为毕业生择业、就业奠定了坚实的基础，对提高人才培养质量、增强毕业生职业发展适应能力等具有十分重要的意义。大学专业与未来职业发展的具体关系如下。

1. 大学专业学习是获得相应职业发展所需专业知识技能的最有效途径

专业知识技能是指通过学习专业课程来获取相应的专业知识和能力。专业知识能不能够迁移，需要经过有意识的、专门的学习才能掌握。现代社会职业发展对专业知识技能的要求越来越高，要求具有系统性、完整性和前瞻性。大学系统的专业学习为职业发展对专业知识技能的需求提供了保障。

2. 大学的专业学习能够帮助大学生科学地确定自己职业发展的目标

大学专业的学习是一个人实现由学生向职业人转变的连接点。大学生要通过自己专业知识的学习，充实自己的专业技能，开阔自己的眼界，提升自我的素质，确定自己的职业发展目标，以达到社会对职业素质的要求，成为一名合格的职业者。理性、科学地进行职业规划，是大学生学好专业知识，做好大学生活规划的重要组成部分。

3. 大学生通过对专业的学习，学会学习的方法和技巧，树立终身学习的理念

这项技能为职业发展对员工专业知识技能需求的更新提供了可持续发展的动力；同时职业发展要求员工要学会学习、做事、合作、发展，从而实现自己的发展目标。

三、大学生活的管理与调适

目前，有相当一部分同学不能很快适应丰富多彩的大学生活，甚至整个大学时期都不能适应，有的还荒废了学业或者误入歧途，这主要是这部分同学对大学生活缺乏有效的管理和调适。大学生无论是在生理上还是在心理上，都处于迅速变化的过程中，处于从不成熟到成熟的过渡时期。大学生由于阅历较浅，社会经验相对不足，独立生活能力不强，对自己缺乏正确而全面的认识，又非常敏感，如受到社会上流行的各种各样思潮的冲击，就容易产生各种各样的心理矛盾和冲突。由于入学前后生活和学习环境发生巨大变化，在适应新环境时，就会出现各种各样的困难。要注意从以下几个方面来解决这些问题。

（一）适应大学的环境

这里所说的环境既包括校园的自然环境，也包括大学与中学所不同的学习、生活及人际环境。大学校园的学习、生活、人际环境等与中学环境有着很大的不同。对新环境适应快的学生很快就成为班级中的重要人物，与老师、同学接触多，掌握的信息多，锻炼的机会也多，能力就提高很快，自信心也就建立起来了。

（二）适应大学的学习生活

学习是大学生活中最重要的一部分，大学教学体制、学习方法都与中学有着明显的不同。能否尽快适应全新的大学学习生活，直接影响四年的学业，并间接影响以后的工作、生活。一般来讲，大学的校园规模都比较大，教学设施比较齐全。新生入学以后，在思想上要有这样的一种认识：要想在学业上获得成功，一定要在发扬勤奋刻苦精神的同时，充分利用现有的条件。不但学好专业课程，而且充分利用各种有利条件来发展自己、提高自己。因为在现在的大学中，单凭坐在教室里读书是难以适应社会的，还要通过多种渠道，提高自己其他方面的知识和能力。调整自己的学习方法，是适应大学学习生活的重要一步。大学的学习方法与中小学的方法差别很大。以教师为主导的教学模式变成了以学生为主导的自学模式。课堂上讲授知识后，学生不仅要消化、理解所学内容，而且要大量阅读相关方面的书籍和文献。学生自学能力的高低成了影响学业成绩的最重要因素，所以新生学习方法的调整也就成为必然。新生只要及早做好准备，就能较顺利地过好这一关。

（三）建立合理的生活秩序

许多大学生是第一次离家独自生活，一时间似乎得到了许多自由。不过，如果滥用这些自由，或随心所欲，或负担过重，不顾自己的身体状况和生理节奏，都会导致精神创伤。因此，尽快地建立合理的生活秩序乃是当务之急。

1. 培养生活自理能力

独立生活包括自己洗衣服、买饭、洗碗以及“打扮”自己和“理财”等。一般大学新生没有太多理财的经验，在自己的整个生活中，首先要考虑哪些开支是必要的和可有可无的，还要了解自己家庭的承受能力，然后再制订自己的花钱计划，使之切实可行。

2. 养成良好的生活习惯

生活习惯代表着个人的生活方式，不仅影响个人的身心健康，而且对人的未来发展有间接作用。身心健康是确保顺利、成功度过大学阶段的一个重要基础。要想身体健康，就应培养良好的生活习惯。每天要有严格的作息时间，生活的高度规律性是身体健康的保证；要有良好的饮食习惯，饮食要有规律，不可暴饮暴食；要坚持适度地锻炼身体，增强体质。当然，保持乐观而平静的心境、积极向上的精神也是至关重要的。

3. 合理安排业余时间

大学生活的内容是丰富多彩的，除了正常的教学活动外，同学们还有大量的业余时间参加各种讲座、学术报告会、文体活动、社交、公关活动等。怎样合理安排、利用这些业余时间呢？首先要分析一下自己在某个阶段的目标是什么，长远目标是什么，哪些活动对自己的目标有利；根据自己的目标确定出自己业余时间的安排计划，然后合理利用业余时间。

（四）确立自身角色

对角色改变的适应对大学生来说是最重要的。许多大学生在高中时是学校班级里的佼佼者，是深得老师同学注目的“尖子”。然而，在大学中，几乎每个人都有着辉煌的过去，而每个班级或整个学校就只能有少数人保持原来的中心地位和重要角色。多数同学都需要向普通角色转变，在这个转变中，自我评价会受到不同程度的冲击。这种冲击基本上来自两个方面：与别人学习成绩的比较和能力特长方面的比较。成绩的好坏，一直是中学生评价自我和他人的重要标准，但在大学里，即使是原来的高考状元也可能落后于高考成绩一般的同学。许多人因此导致了失眠、神经衰弱和抑郁症等。这就要求大学生不但要适应在校、系里的新角色，而且要更加严格要求自己，在自己感兴趣的领域努力发展自己。

（五）树立职业生涯规划意识，科学规划大学生活

面对严峻的就业压力，作为大学生活规划重要组成部分的职业生涯规划也显得越来越重要。大学生应通过对未来大学生活道路的预期设计，来采取相应的措施。科学的生活规划，可以帮助确立在大学期间的发展目标、发展前景以及发展道路；可以帮助管理时间和精力，使之用于最具回报率的事情上去，以获得更大的成功。

第二节 职业生涯规划的基本概念

一、“生涯”的内涵

“生”原意为“活着”，“涯”意为“边际”，“生涯”连起来就是“一生”的意思。英文为career，从词源上来看，生涯来自意大利语via carraria及拉丁语carrus，两者的含义均指古代战车，蕴含着疯狂竞赛的精神，后来引申为道路，主要指个人一生的道路或发展路径。对生涯的理解有广义和狭义之分。广义的生涯指人生所经历的途径，或终生发展的历程，包括个人对工作世界、职业的选择与发展，对非职业性或休闲活动的选择与追求，以及在社交活动中参与的满足感。狭义的生涯指职业的发展历程，即职业生活。

美国著名职业问题专家舒伯（Donald E. Super）对于生涯的观点为大多数学者所认同，他认为，生涯是生活中各种事件的演进方向和历程，它统合了人一生中的各种职业和生活角色，由此表现出个人独特的自我发展形态。“生涯”作为一个终其一生所扮演角色的整个过程，由三个层面构成：①时间，即个人的年龄或生命的过程；②经历，即每个人一生所扮演各种不同的角色；③为个人所扮演的各种角色投入的程度。

二、“职业生涯”的内涵

与职业内涵不同，职业生涯是一个发展的概念，是一个动态的过程。它不仅包括一个人的过去、现在和未来那些可以实际观察到的连续从事的职业发展过程，还包括个人对职业生涯发展的见解和期望。有关“职业生涯”这一概念的研究由来已久，中国台湾学者林幸台认为，职业生涯包括个人一生中所从事的工作以及所担任的职务、角色，同时也涉及其他非工作或非职业的活动和个人生活中衣食住行、娱乐各方面的活动和经验。美国学术和教育之父诺亚·韦伯斯特将“生涯”的外延进一步扩大，他指出，职业生涯是个人一生职业、社会与人际关系的总称，即个人终生发展的历程。舒伯认为，职业生涯是指一个人终生经历的所有职位的整体历程，是生活中各种事件的演进方向和历程，是个人独特的自我发展组成。

概括来说，职业生涯包括以下几个含义：①职业生涯是个体的行为经历，而非群体或组织的行为经历；②职业生涯是一个人一生中的工作任职经历或历程；③职业生

涯是时间概念，指从事职业的生涯期；④职业生涯蕴含着具体职业内容，是一个动态的、发展的概念。

美国著名的管理心理学家施恩（Edgar. H. Schein）教授把职业生涯分为外职业生涯和内职业生涯两部分。外职业生涯是指个体通过职业活动获取的物质财富的总和，包括工资待遇、工作职务、工作环境等，通常是由别人认可和给予的，也容易被别人否认和收回的。内职业生涯是指在职业发展中通过提升自身素质与职业技能而获取的个人能力、学识经验、个性品质的综合，是别人无法替代和剥夺的人生财富。其中，内职业生涯在人的生涯发展进程中起着主要作用。在职业生涯发展初期，从事一份好工作是对个体的内职业生涯提升最快的途径。大学生在择业时，不要只看重薪水、环境，而要选择能够最大限度地锻炼自身能力的工作，才会对自己职业方向产生最有益的影响。

三、职业生涯发展阶段

职业生涯贯穿我们的一生，每个人在实现职业生涯的各种目标过程中，都会经历不同的发展阶段，有着不同的职业需求和人生追求。美国著名职业指导专家、职业生涯发展理论的先驱和典型代表人物金斯伯格的职业生涯发展理论，研究重点是从童年到青少年阶段的职业心理发展过程。他将职业生涯的发展分为幻想期、尝试期和现实期三个阶段。舒伯的职业生涯发展阶段理论是一种纵向职业指导理论，重在对个人的职业倾向和职业选择过程本身进行研究。他以部分美国人作为自己的研究对象，把人的职业生涯划分为五个主要阶段：成长阶段、探索阶段、确立阶段、维持阶段和衰退阶段。

1. 成长阶段（0～14 岁）

主要任务：认同并建立起自我概念，对职业好奇占主导地位，并逐步有意识地培养职业能力。

舒伯将这一阶段，具体分为三个成长期。

（1）幻想期（10 岁之前）：儿童从外界感知到许多职业，对于自己觉得好玩和喜爱的职业充满幻想和进行模仿。

（2）兴趣期（11～12 岁）：以兴趣为中心，理解、评价职业，开始作职业选择。

（3）能力期（13～14 岁）：开始考虑自身条件与喜爱的职业是否相符合，有意识的进行能力培养。

2. 探索阶段（15～24 岁）

主要任务：主要通过学校学习进行自我考察、角色鉴定和职业探索，完成择业及初步就业。

这一阶段也可分为三个时期。

(1) 试验期（15～17 岁）：综合认识和考虑自己的兴趣、能力与职业社会价值、就业机会，开始进行择业尝试。

(2) 过渡期（18～21 岁）：正式进入职业，或者进行专门的职业培训，明确某种职业倾向。

(3) 尝试期（22～24 岁）：选定工作领域，开始从事某种职业，对职业发展目标的可行性进行实验。

3. 确立阶段（25～44 岁）

主要任务：获取一个合适的工作领域，并谋求发展。这一阶段是大多数人职业生涯周期中的核心部分。

(1) 尝试期（25～30 岁）：个人在所选的职业中安顿下来。重点是寻求职业及生活上的稳定。

(2) 稳定期（31～44 岁）：致力于实现职业目标，是一个富有创造性的时期。

职业中期可能会发现自己偏离职业目标或发现了新的目标，此时需重新评价自己的需求，处于转折期。

4. 维持阶段（45～64 岁）

主要任务：这一长时间内开发新的技能，维护已获得的成就和社会地位，维持家庭和工作两者间的和谐关系，寻找接替人选。

5. 衰退阶段（65 岁以上）

主要任务：逐步退出职业和结束职业，开发社会角色，减少权利和责任，适应退休后的生活。

四、舒伯的生涯发展理论

职业生涯发展理论是职业生涯规划理论中最具整合色彩的理论。该理论最早是由以金斯伯格为首的一群学者提出的，最后舒伯整合了发展心理学、人格心理学和职业社会学的研究结果，并对生涯发展相关理论进行整合，系统提出了有关生涯发展的理论观点。舒伯的职业生涯发展理论对职业生涯辅导具有重大的贡献，首先他用动态发展性的“生涯”概念取代了静态稳定性的“职业”的概念，其次以规划人生长期生涯发展为主线的“生涯辅导”取代了以短期职业选择为重心的“职业指导”。这一理论观点发展至今仍是生涯辅导的重要理论基础和实践指导。

（一）舒伯的生涯发展理论基础和内容

舒伯是美国著名的生涯指导专家，多年来对生涯发展进行了全面的研究和分析，

最终提出了 12 项基本命题。这 12 项基本命题可以看成是生涯发展理论的基本主张和框架基础。这 12 个基本命题如下。

命题 1：生涯发展是一个连续不断、循序渐进且不可逆转的过程。

命题 2：生涯发展是一个有次序、具有固定形态的过程，因此每个阶段的发展都是可预测的。

命题 3：生涯发展是一个经历统整的动态过程。

命题 4：一个人的自我概念在青春期以前就开始形成，在青春期较为明朗，并于成人期由自我概念转化为生涯概念。

命题 5：从青少年期至成人期，个体实际的人格特质及社会的现实环境等都会因年龄、实践的增长而增加对个体的影响力。

命题 6：父、母亲之间的互动关系，以及他们对职业计划结果的解释，会影响到下一代对自己职业角色的选择。

命题 7：一个人是否能由某一职业水平跳到另一职业水平，即是否有升迁发展机会，是由他的智慧能力、本人对权势的需求、个人的价值观、兴趣、人际关系技巧以及社会环境、经济的需求状况等共同决定的。

命题 8：一个人会踏入某一类型的行业，也是由个人的兴趣、能力，个人的价值观及需求，个人的学历、利用社会资源的程度及社会职业结构、趋势等因素决定的。

命题 9：即使每一种职业对从业者都有特定的能力、人格特质及兴趣的要求，但在某种范围内，仍然允许不同类型的人来从事，同样，一个人也可从事多种不同类型的行业。

命题 10：个人的工作满足感视个人是否能配合自己的人格特质，即是否能将能力、兴趣、价值观适当地发挥出来而定。

命题 11：个人工作满足的程度常取决于个人是否能将自我概念实现于工作之中。

命题 12：对少部分人来说，家庭和社会因素是人格重整的中心，但对大部分人来说，工作是人格重整的焦点，即经过工作过程，个体理想的我与现实的我之间会逐渐融合。

此外，“自我概念”是舒伯理论中的核心概念，“自我概念”是指个人对自己的兴趣、能力、价值观及人格特征等方面的认识。一个人的自我概念在其青春期以前就开始形成，至青春期较为明朗，并于成人期由自我概念转化为职业生涯概念。工作与生活满意度与否，就在于个人能否在工作和生活中找到展现自我的机会。所以舒伯说过“职业生涯就是对自我的实践”。

舒伯根据自己“生涯发展形态研究”的结果，将生涯发展阶段划分为成长、探索、确立、维持与衰退五个阶段，其中有三个阶段与金斯伯格的分类相近，只是年龄与内容稍有不同，舒伯增加了就业及退休阶段的生涯发展。

1. 成长阶段

成长阶段是指从出生到14岁这一阶段。该阶段儿童开始发展自我概念，开始以各种不同的方式来表达自己的需要，且经过对现实世界不断的尝试，修饰他自己的角色。这一阶段发展的任务是：发展自我形象、发展对工作世界的正确态度，了解工作的意义。这一阶段共包括三个时期：幻想期（4～10岁），兴趣期（11～12岁），能力期（13～14岁）。

2. 探索阶段

探索阶段是指15～24岁这一阶段。该阶段的青少年通过学校、社团、休闲等活动，对自我能力及角色、职业进行探索，在选择职业时较为不稳定，有较大的弹性。这一阶段发展的任务是：使职业偏好逐渐具体化、特定化并实现职业偏好。这一阶段共包括三个时期：试验期（15～17岁），过渡期（18～21岁），尝试期（22～24岁）。生涯初步确定并试验其成为长期职业生活的可能性。

3. 确立阶段

确立阶段是指25～44岁这一阶段。由于经过上一阶段的尝试之后，不合适者会谋求变迁或做其他探索，因此该阶段较能确定在整个事业生涯中属于自己的“位置”，并在31～40岁这一阶段开始考虑如何保住这个“位置”，并固定下来。这一阶段发展的任务是统整、稳固并求上进。这一阶段包括两个时期：一是尝试期（25～30岁），这一时期个体寻求安定，也可能因生活或工作上若干变动而尚未感到满意；二是稳定期（31～44岁），这一时期个体致力于工作上的稳固，大部分人处于最具创意时期，因此会取得优良的业绩。

4. 维持阶段

维持阶段是指45～64岁这一阶段。该阶段个体仍希望继续维持属于他/她的工作“位置”，个人通过不断努力来获得职业生涯的发展和成就，并逐渐能在自己的领域中占一席之地，同时会面对新的人员的挑战。这一阶段发展的任务是维持既有成就与地位。

5. 衰退阶段

衰退阶段是指65岁以上这一阶段。该阶段由于生理及心理机能日渐衰退，个体职业角色的分量逐渐减少，个体不得不面对现实，从积极参与到隐退。这一阶段往往注重发展新的角色，寻求不同方式以替代和满足需求。

在这五个生涯发展阶段中，各个阶段都有一些特定的发展任务需要完成，每一阶段需达到一定的发展水准或成就水准，而且前一阶段发展任务的达成与否关系到后一阶段的发展。

（二）职业循环发展理论

在舒伯职业生涯规划理论发展的后期，他提出在一个人一生的职业发展过程中，职业发展的五个阶段（成长阶段、探索阶段、确立阶段、维持阶段和衰退阶段）是一个循环再循环的过程，即职业循环发展理论。该理论认为职业发展的五个阶段并不完全和年龄相关，而且各阶段之间并不存在严格的界限，可能会有交叉；在人生中的不同时期，都可以经历由这五个阶段构成的一个小循环，职业生涯发展是一个循环往复的过程。

第三节　职业生涯规划的意义

一、大学生面临的就业形势

《2020年中国大学生就业报告》（就业蓝皮书）发布，报告指出，升学在对大学生就业起到分流与缓冲作用的同时，将持续为中国产业链稳定发展提供人才支撑。

报告显示，大学毕业生升学比例持续上升。本科生国内读研比例从2015届的13.5%上升至2019届的15.2%，高职毕业生读本科的比例从2015届的4.7%上升至2019届的7.6%。

学历提升带来的教育回报随着时间延长而显现。以读研人群为例，2014届本科生毕业五年内获得研究生学历人群月收入（10 408元）明显高于未读研人群（9683元），其就业满意度（获得研究生学历人群：79%，未读研人群：73%）也明显更高。

回望新中国成立初期，1949年的高等学校毕业人数为2.1万人，到恢复高考的第二年毕业生人数为16.5万人，2019年的高校毕业生人数已达到834万人，毕业生人数是新中国成立时的397倍，是恢复高考起始时的50倍。从1998年开始，中国每年的高校毕业生人数开始逐年增长，从1998年的82.98万人直线上涨到2019年的834万人，在短短21年的时间内涨了10倍，并且还在保持继续增长的趋势。在线高等教育的录取率已经达到了75%，比1998年翻了1倍多，比刚恢复高考时录取率翻了15倍。毕业生人数的增长，使得毕业生就业压力增大。2020届高校毕业生规模达到874万人，同比增加40万人，毕业生人数再创新高，就业形势依旧严峻。

求职成了继高考之后的第二座“独木桥”。高校毕业生年年增加，而社会每年的新增就业机会却不见增加。根据相关部门统计，目前每年社会新增就业机会为800万～

900 万个，其中一半左右并不针对高校毕业生，相对于近年来高达 700 万～800 万的毕业生人数而言，大学毕业生没有很大的就业空间。

大学生就业形势严峻的原因主要体现在以下几个方面。

（一）区域发展不平衡

地区间经济发展不平衡状况直接影响到毕业生的供求状况。一般高等院校主要集中在较发达的大城市，毕业的大学生往往存在“就近”心理，其择业意愿往往倾向于这些较发达的城市。经济发达或发展较快的地区接收毕业生较多，对毕业生的吸引力也更大，如东部沿海等经济相对发达地区对毕业生的需求量较大，这些地方的人才非常多；而对于西部较偏远的城市、欠发达地区或经济发展缓慢的地区其就业需求处于低迷状态，可以提供的就业岗位较少，对毕业生的吸引力较差，也不能留住人才。这同时也出现了人才分布的不均匀，不利于社会的发展。

（二）地区就业政策差异

因所处地区的不同，在就业政策上会有所差别或有较大差别存在，这种政策性因素会导致大学毕业生在就业上存在不同的差异。例如，东部地区一些大城市出于人口压力过大的考虑，会出台相关政策限制有接收单位的毕业生落户，像北京、上海、深圳等一些一线城市。目前，东部一些中小城市也面临毕业生前往该地就业的压力，也效仿东部大城市出台一些相关政策来限制毕业生落户。同时，在引导高校毕业生面向基层就业方面面临很多困难：首先，欠发达地区和基层缺乏编制和资金，这些地区很难吸引毕业生就业；其次，中小企业是毕业生到基层就业的重要空间，但一些民营中小企业用工不规范、社会保障方面落实不到位，使相当一部分毕业生不愿前往。

（三）高校专业设置的结构性问题

高校专业设置滞后于市场需求，且专业的人才培养过程与社会对应用型人才的实际需求脱节，导致毕业生就业难、就不了业现象出现。具体表现在以下几个方面：一是高校专业设置与快速变化的市场需求错位，四年左右一个周期的高校专业设置决定着专业人才的产出量，企业对各类专业技术人才和管理人才的需求变化速度是高校专业人才培养的 2～4 倍，导致人才供需市场配置出现时间差；二是人才结构失衡，供求矛盾加大。近年来，人才市场需求供给情况反映出各技术等级的劳动力呈现供不应求的局面，技术型、技能型人才短缺，而一般理论型人才过多。

（四）个人素养与岗位需求匹配性问题

用人单位对高校毕业生的敬业精神、职业道德、思想道德觉悟和能力素质都提出了越来越高的要求，不少单位对接收毕业生持“宁缺毋滥”的态度。对于用人单位来说，那些综合素质好、动手能力强、有敬业精神和各种特长的毕业生越来越受到用人单位的欢迎。部分大学生因不具备就业能力，无法胜任岗位工作，会致使他们无法获得满意的工作。基于岗位与个人素养的匹配性原理，部分大学生只能从事专业技能、知识文化水平要求不高的工作。通常情况下，这样的工作岗位薪资较低，并缺乏宽阔的发展空间，而这样的就业质量很低，不利于大学生自我价值的实现。

（五）其他个人原因

毕业生在毕业时不能就好业或不能就业，不仅存在很多外部客观原因，也和毕业生自身有关。事实情况是很多大学生在快毕业时才开始着手准备就业，这就导致他们在就业过程中出现诸多问题，影响其就业或创业，这就要求大学生在读大学的第一天开始就要对自己职业生涯规划进行准备。职业生涯模糊或准备不足在一定程度上都会影响和制约大学生就业成功率和市场配置成功率。另外，毕业生的就业期望值居高不下也是造成大学生就业难的一个不可忽略的因素。毕业生们普遍感到“理想的单位找不到，找到的单位不理想”，而同时又有许多基层一线的用人单位急需人才但又招聘不到毕业生，这就反映出毕业生求高薪、求舒适、求名气的心态仍较普遍。

在认清大学生就业形势严峻的同时，也应该看到：近年来，民营企业、第三产业等对大学生的吸纳能力和欢迎程度有增无减，二、三线城市快速扩张对拓展市场的需求日益增强，都为毕业生带来了职业发展的机会。在一定程度上，“就业难”并不是难在岗位的缺乏，而是难在毕业生对未来方向、社会需求的认知错位及对自我缺乏了解、产生迷茫上。因而，在了解客观就业形势的基础上，大学生应结合自身实际情况，制订科学合理的职业生涯规划，这样对以后的就业更具有针对性，就业效果也会更加明显。

二、职业生涯规划的作用

（一）职业生涯规划能够帮助个人确定职业发展的目标和方向

职业生涯规划可以帮助个人对自我进行全面的分析，从而认识自己，了解自己的特点和兴趣，评估自己的能力、优势和不足。在设计和规划职业的过程中，通过对客观环境的分析，可以明确自我职业发展的方向，正确选择自我职业目标，并运用适当的方法，采取有效的措施，克服职业生涯发展中的困难和障碍，使自己的才能得到充分发挥，从而获得事业上的成功，实现自己人生的理想。

（二）职业生涯规划能够促进个人工作努力

职业生涯规划就好像给自己树立了一个明确的“标靶”，唯有明确目标，我们才能

奋勇直进。随着个体职业生涯规划内容的逐步实现，会进一步增强个体对目标实现的成就感，提升个体向新的目标前进的动力。制订和实现职业生涯规划就好像一场比赛，随着时间的推移，一步一步地实现所制订的规划。在这一过程中，个体的思想方式和工作方式又会不断地获得完善和发展。

（三）职业生涯规划有助于个人抓住工作重点

制订职业生涯规划的一个重要的作用就是有助于个人合理地安排日常工作，评价工作的轻重缓急。没有职业生涯规划，就很容易被日常事务所缠绕，甚至被日常琐碎的事务所掩埋，无法实现人生目标。通过职业生涯规划的制订，能够使我们紧紧抓住工作的重点，增加成功的可能性。一个人要想成就一番事业，只有树立明确目标，抓住工作重点，才会有意识地在工作重点上下最大的功夫，为工作的需要创造最有利的条件，从而取得成功。

（四）职业生涯规划能够激发个人潜能

没有制订职业生涯规划的人，很容易沉陷于繁杂事务中，致使精力分散，很难全神贯注地工作，也很难充分发挥自己的才干。职业生涯规划能够帮助个体集中精力，为实现自己的职业目标尽可能地发挥个人的潜力。大量的生活事实证明一个人的潜能是无限的，需要个体充分地去挖掘和开发。但并不是任何人都在某些方面具有得天独厚的天赋，唯有善于激发个人潜能，才能更好地实现自身能力的提高和完善。

三、职业生涯规划对大学生的意义

通过职业生涯规划，可以把“我想做的事情”和“我能做的事情”有机结合起来，在客观分析自身和外界环境之后，制订出科学可行的、个性化的方案，实施这个方案，将会使自己的优势得到最大程度的发挥，需求得到最大程度的满足。对大学生来说，认清自己，就迈出了职业规划的第一步。以此为起点，第二步就需要我们针对职业领域进行探索，最后一步则是将各方面的静态与动态的信息进行整合，确定行动计划并付诸实践，揭开就业的困惑，为个人一生的成功和幸福奠定坚实的基础。

职业生涯规划有突破障碍、开发潜能和自我实现三个积极的目的。一个人最大的幸福就是能以自己选择的方式生活。“择其所爱，爱其所择”的结果会使一个人以己为荣，并呈现出圆融、丰足、喜悦、智慧和充满创造力的气质。

（一）有助于掌握自己的命运

一般来说，人的一生中有四大领域需要规划：工作、学习、休闲和家庭。各个领域相互关联，每个领域都需要花费心思、科学规划。当一个人拥有明确的规划时，面对重要选择才不会受他人左右，什么是自己想要的，哪个方向离目标更近，都能做到心中有数，不会走弯路。清楚地认识到自己的人生目标和每个阶段的重心，才能成为一个真正掌握自己命运的人。大学生只有借助职业生涯规划，才能把握住每一个可能成功的机遇，才能认识自我、发展自我、完善自我，培养个人的素质和修养，设计自己一生职业发展的最优路径。

（二）有助于发掘自我潜能

职业生涯规划是一个意识问题，它会唤醒大学生主动的自我探索意识，让大学生掌握和搜索更多的信息。家长和大学生在高中阶段将“上大学”视为人生的最大目标，因此，我们进入大学之后就失去了未来生活的目标，也失去了学习的动力，而大学是一个为今后从事某一职业进行积累和准备的阶段，大学生要去考虑将来成为一名职业人所需的能力和素质，有目的地去汲取知识，加大学习动力。

（三）有助于明确并清晰自我定位

你今天站在哪里并不重要，但是你下一步迈向哪里却很重要。职业生涯规划的重要前提是认识自我。只有认识自我、了解自我，才能有针对性地明确职业方向，而不盲目化。认识自我是对自我深层次的解剖，了解自己能力的大小，明确自己的优势和劣势，根据过去的经验、经历，选择未来可能的工作方向，从而彻底解决“我想干什么”和“我能干什么”的问题。在此基础上，通过了解行业的特点、特性、所需的能力、就业渠道、工作内容、工作发展前景、行业的薪资待遇等外部环境，理性地确定自己所具备的资本。这是人生所有规划和行动得以成功的基本依据，即所谓“知己知彼，百战不殆”。

（四）有助于找到实现理想的通道

职业生涯规划让我们拥有明确的目标，会围绕目标去学习和提升，即使目标不够明确，也会沿着既定的方向前行，这就是实现理想的通道。实现目标的强烈意愿对于个人而言是非常重要的，意愿越大，成功的机会也就越大。要将意愿变成超强的行动力，行动力的根源来自意愿，意愿强烈才可以实现目标。

只有在发现和确定了人生奋斗的大目标，并紧紧围绕这个中心采取行动，我们的行为才会更有效率和价值，使职业生涯规划成为实现理想的通道。职业生涯规划为我们的人生之旅设定了导航仪，指引我们走向成功。哈佛大学的一项追踪研究表明，只有4%的人能获得成功，而他们成功的共同点在于他们为自己的职业生涯确定了明确的目标，并且始终坚持。

（五）有助于实现人与职业的和谐发展

当今社会处在变革的时代，到处充满着激烈的竞争。物竞天择，适者生存。职业活动的竞争非常突出，尤其是我国加入 WTO 后。要想在这场激烈的竞争中脱颖而出并保持立于不败之地，必须设计好自己的职业生涯规划。这样才能做到心中有数，不打无准备之仗。

职业生涯规划实现人与职业的和谐发展，以促进自身的持续、健康、协调的全面发展进步为根本目标，在人与职业匹配的基础之上，将人的发展与职业的发展有机结合，使职业成为实现自我人生价值、自我人生幸福的工具和内容，让个人的发展成为推动促进职业发展和进步的主力，达到自我与职业的双赢，实现人与职业的和谐发展。

（六）有助于增强大学生在就业中的核心竞争力

对于当代大学生而言，职业生涯规划就像一座灯塔，指引着自己在追求人生目标的道路上前进。它能够激励大学生珍惜大学生活，提高个人素质、专业素养以及就业能力与技巧，提高自己的就业核心竞争力；此外，当个体在前进道路上遇到困难、支撑不住而想放弃时，职业生涯规划会使个体产生源源不断的动力，让个体坚定地走下去，直至成功的终点。

职业生涯规划可以让人生有目标，目标让人生富有意义；职业生涯规划能帮助个人认识就业形势，居安思危，唤醒职业规划意识；职业规划能帮助个人做出正确的职业选择，找出适合自己的职业目标；职业生涯规划帮助个人职业能力与职业素质，增强自我效能感；职业规划有助于抓住重点，增加成功的可能性。

因此，职业生涯规划应该从大学生入学时培养、引导和训练，以便为学生一生的发展奠定坚实的基础。

职场故事

小李学的是工商管理专业，专业知识多而杂，缺乏准确就业方向。小李的想法只是想当管理层，但是经常听已毕业的学长、学姐们说，知道刚毕业的学生不可能一工作就是做管理层，必须要先从基层做起。但是这个基层范围太广，很多人做了基层岗位工作，还是升不到管理层。自己现在已经大四了，一眨眼就快毕业了，很多同学都开始找实习单位了，那么自己该怎么选择呢？自己现在学的知识出去后能帮自己就业吗？现在该做些什么事情呢？他很迷茫！自己希望往专业相关方向发展，但是就业范围广，自己根本不知道切入哪个起点是自己适合的、有发展前途的，怎么样去发展，发展路线是怎么样的？

启示：对于大学生求职专业相关工作困难的问题，大学生职业生涯规划顾问认为，这一方面表现在不清楚自己适合切入哪个起点能有发展前途，另一方面表现在不知道自己能力在什么位置，能找到什么样的工作。因为现在大学教育注重专业知识的教导，以应试教育为主，学生缺乏实际操作能力，对职场要求以及背景内容没有系统化的了解，所教与市场需求相脱离，当然这个是学生自己无法改变的。那么，在无力改变大环境的背景下，自己就必须行动起来，做好相关准备工作，否则毕业后将会走更多的弯路，浪费更多的时间和精力。小李的情况就是比较典型的一个，他学的是工商管理专业，主修企业管理，专业基础知识涉及管理学、经济学、财务学、法学等方面的内容，多而不专。那么这个时候，他就应该根据自己的实际情况来结合主客观条件以及职场行业岗位相关联性以及发展趋势做出正确选择。小李应在确定好适合的职业发展路线后，规划好在校就业准备工作，包括知识的再学习以及相关实习活动，增强自己的核心竞争力，并在简历面试上通过相关辅导，为其顺利就业发展做好前期准备。

第四节 职业生涯发展的基本理论

一、霍兰德的人格类型理论

约翰·霍兰德（John Holland）是美国约翰·霍普金斯大学心理学教授，美国著名的职业指导专家。1959 年，霍兰德以自己的职业咨询经验为基础提出了一种关于职业选择的人格类型理论。霍兰德的类型理论提供了一个重要的生涯辅导理念：把个人特质和适合这种特质的工作联合起来。生涯辅导（简单说就是职业辅导）强调生涯探索，对自我能力、兴趣、价值以及工作世界的探索。霍兰德巧妙地拉近了自我与工作世界的距离。借助霍兰德代码的协助，当事人能迅速地、有系统地，而且有所依据地在一个特定的职业群里进行探索活动。令人称道的是，它提供和个人兴趣相近且内容互有关联的一群职业，而不是仅仅冒险地去建议个人选择一种特殊的职业或工作。此外，在生涯咨询（具体就是职业指导）上，霍兰德的职业性向论也可以出其不意地引导当事人走向一个主动、积极的行动方向，进行动态探索。得到自己的代码和有关的职业群名称，当事人得以“起而行”地探查和自己将来有可能选择的职业的各种事务，包括工作内容、资薪收入、工作所需条件等。

霍兰德人格类型理论的基本观点在于：职业选择是个人人格的反映和延伸，人格（包括价值观、动机和需要等）是决定一个人选择何种职业的重要因素。人的内在本质

必须在职业生涯的领域中得以充分扩展，期待一个人能在适当的生涯舞台上充分地展现自我、实现自我，不仅能安身，更能立命。另外，霍兰德研究发现，具有相同人格特质的人对许多生活事件的反应模式是相似的，因此某一类型的职业通常会吸引具有相同人格特质的人，这种人格特质反映在职业上，就是职业兴趣。因此，职业兴趣反映出一个人在职业选择上的人格类型。霍兰德通过大量的研究，最后总结出个体在职业选择上有六种人格类型。

（一）霍兰德的六种人格类型

1. 现实型（Realistic）

该类型的人格特点为愿意使用工具从事操作性工作，动手能力强，做事手脚灵活，动作协调；偏好于具体任务，不善言辞，做事保守，较为谦虚；缺乏社交能力，通常喜欢独立做事。这种人格类型的个体往往适合使用工具、机器，需要基本操作技能的工作。他们对要求具备机械方面才能、体力或从事与物件、机器、工具、运动器材、植物、动物相关的职业有兴趣，并具备相应能力。主要适合的职业为：技术性职业（计算机硬件人员、摄影师、制图员、机械装配工），技能性职业（木匠、厨师、技工、修理工、农民、一般劳动）。

2. 研究型（Investigative）

该类型的人格特点为思想家而非实干家，抽象思维能力强，求知欲强，肯动脑，善思考，不愿动手；喜欢独立的和富有创造性的工作；知识渊博，有学识才能，不善于领导他人；考虑问题理性化，做事喜欢精确，喜欢逻辑分析和推理，不断探讨未知的领域。这种人格类型的个体往往适合智力的、抽象的、分析的、独立的定向任务，具备智力或分析才能，并将其用于观察、估测、衡量、形成理论、最终解决问题的工作。主要的职业为：科学研究人员、教师、工程师、电脑编程人员、医生、系统分析员。

3. 艺术型（Artistic）

该类型的人格特点为有创造力，乐于创造新颖、与众不同的成果，渴望表现自己的个性，实现自身的价值；做事理想化，追求完美，不切实际；具有一定的艺术才能和个性；善于表达，怀旧，心态较为复杂。这种人格类型的个体往往具备艺术修养、创造力、表达能力和直觉，并将其用于语言、行为、声音、颜色和形式的审美、思索和感受，不善于事务性工作。主要适合的职业为：艺术方面（演员、导演、艺术设计师、雕刻家、建筑师、摄影家、广告制作人），音乐方面（歌唱家、作曲家、乐队指挥），文学方面（小说家、诗人、剧作家）。

4. 社会型（Social）

该类型的人格特点为喜欢从事为他人服务和教育他人的工作；喜欢参与解决人们

共同关心的社会问题，渴望发挥自己的社会作用；比较看重社会义务和社会道德。这种人格类型的个体往往适合做各种直接为他人服务的工作，如医疗服务、教育服务、生活服务等。主要适合的职业为：教师、保育员、行政人员、医护人员，衣食住行服务行业的经理、管理人员和服务人员，福利人员等。

5. 企业型（Enterprising）

该类型人格特点为精力充沛、自信、善交际，具有领导才能；喜欢竞争，敢冒风险；喜欢权力、地位和物质财富。这种人格类型的个体往往适合那些组织与影响他人共同完成组织目标的工作。主要适合的职业为经理、企业家、政府官员、商人，行政部门和单位的领导者、管理者。

6. 常规型（Conventional）

该类型的人格特点为喜欢按计划办事，习惯接受他人的智慧和领导，自己不谋求领导职位；不喜欢冒险和竞争；工作踏实，忠诚可靠，遵守纪律。这种人格类型的个体往往适合各种与文件档案、图书资料、统计报表之类相关的各类科室工作。主要适合的职业为：会计、出纳、统计人员，打字员，办公室秘书和文书，图书管理员，旅游、外贸职员，保管员，邮递员，审计员，人事职员等。

然而，大多数人都并非只有一种性向（如一个人的性向中很可能是同时包含着社会性向、现实性向和研究性向这三种）。霍兰德认为，这些性向越相似，相容性越强，则一个人在选择职业时所面临的内在冲突和犹豫就会越少。为了帮助描述这种情况，霍兰德建议将这六种性向分别放在一个正六角形的每一角。

员工的工作满意度与流动倾向性，取决于个体的人格特点与职业环境的匹配程度。当人格和职业相匹配时，会产生最高的满意度和最低的流动率。例如，社会型的个体应该从事社会型的工作，社会型的工作对现实型的人则可能不合适。这一模型的关键在于：①个体之间在人格方面存在着本质差异；② 个体具有不同的类型；③ 当工作环境与人格类型协调一致时，会产生更高的工作满意度和更低的离职可能性。

（二）霍兰德人格六角形模型

霍兰德所划分的六大类型，并非并列的、有着明晰的边界。他以六角形模型标示出六大类型的关系。霍兰德人格六角形模型可以解释六种职业类型之间的关系：在六角形模型中，任何两种类型之间的距离越近，其职业环境及职业兴趣的相似程度就越高（图 1-1）。

在图 1-1 中，可以总结如下三种关系：

(1) 相邻关系，如 RI 、IR 、IA 、AI 、AS 、SA 、SE 、ES 、EC 、CE 、RC 及 CR。属于这种关系的两种类型的个体之间共同点较多。例如，现实型 R 、研究型 I 的人就

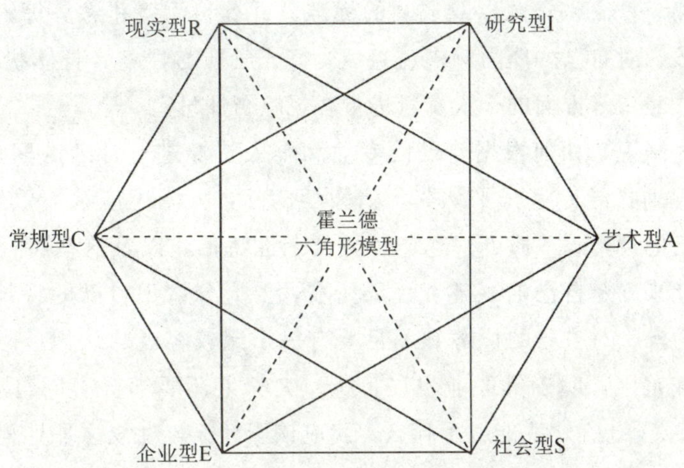

图 1-1　霍兰德人格六角形模型

都不太偏好人际交往，这两种职业环境中也都较少机会与人接触。

（2）相隔关系，如 RA、RE、IC、IS、AR、AE、SI、SC、EA、ER、CI 及 CS。属于这种关系的两种类型个体之间共同点较相邻关系少。

（3）相对关系，在六边形上处于对角位置的类型之间即为相对关系，如 RS、IE、AC、SR、EI 及 CA。相对关系的人格类型共同点少，因此，一个人同时对处于相对关系的两种职业环境都兴趣很浓的情况较为少见。

人们通常倾向选择与自我兴趣类型匹配的职业环境，如具有现实型兴趣的人希望在现实型的职业环境中工作，可以最好地发挥个人的潜能。但职业选择中，个体并非一定要选择与自己兴趣完全对应的职业环境。一则因为个体本身常是多种兴趣类型的综合体，单一类型显著突出的情况不多，因此评价个体的兴趣类型时也时常由其在六大类型中得分居前三位的类型组合而成，组合时根据分数的高低依次排列字母，构成其兴趣组型，如 RCA、AIS 等；二则因为影响职业选择的因素是多方面的，不完全依据兴趣类型，还要参照社会的职业需求及获得职业的现实可能性。

因此，职业选择时会不断妥协，寻求相邻职业环境，甚至相隔职业环境，在这种环境中，个体需要逐渐适应工作环境。但如果个体寻找的是相对的职业环境，意味着所进入的是与自我兴趣完全不同的职业环境，则工作起来就可能难以适应，或者难以做到工作时觉得很快乐；相反，甚至可能会每天工作得很辛苦。

（三）霍兰德人格类型理论对大学生职业生涯规划的启示

根据霍兰德人格类型理论，高校大学生职业生涯规划过程应着力于四个方面。

1. 全面分析和评价自己——“知己”

大学生要对自我进行探索，根据自己的生理、心理的特点，了解个人的兴趣、爱

好、能力、智商、情商、资源以及成功的标准、诉求、优势和劣势等。通过心理测量及其他测评手段，对自己的能力倾向、兴趣爱好、气质与性格、身体状况、学业成绩、家庭背景、工作经历等方面的个人资料进行客观综合评价。

对于大学生来说，如何根据自己的专业和个人特性进行合理的职业生涯规划呢?国内职业生涯规划指导专家张平认为，上大学期间，大学生应该着重解决一个问题，那就是认识自己的性格、气质、兴趣、能力及个性特征，以及这些特征是否与理想职业相吻合，据此来确定自己的兴趣和优势所在，要充分认识自己的特长、实践经验以及社会工作能力等，对自己的优势和不足要有一个比较客观的认识，确定自己的发展方向和行业选择范围，明确其职业发展目标。大学生还要学会多问自己几个为什么："我是谁，我喜欢干什么，我能够干什么，我应该干什么，在众多职业面前应该选择什么"等问题。

"知己"是一个非常艰难的过程。人最大的敌人就是自己，这是因为人最难认识的就是自己。客观、科学地认识自己，是做好职业生涯规划的第一步。大学生除了根据自己所学的心理学知识来认识自己之外，要充分地与同学交流、虚心地向老师请教，还要向就业指导专家、职业咨询师进行咨询。另外，还有一种常用的手段就是通过专业的职业测评机构或软件来对自己进行评估并做出判断。通常，在这方面的测评和评估，既有标准化的工具，也有非标准化的工具。

所谓非标准化的工具，就是通过对自己的一些成长经历的回顾来发现自己的职业兴趣，如在过去的经历中我比较喜欢干什么，哪些事情让我觉得非常有成就感，哪些事情觉得做起来非常痛苦。找出 20 件左右在你成长中让你觉得有成就感和快乐的事情，你就能够发现自己对什么感兴趣。标准化的工具就是通过专业化机构或测评软件，用一系列科学手段对人的一些基本心理特质进行测量和评估，以此来分析个人特质，并结合职业特点，帮助大学生进行职业规划和选择。如职业兴趣测验测试"你喜欢做什么"，职业价值观及动机测验测试"你要什么"，职业能力测验测试"你擅长什么"，个性测验测试"你是什么样的一个人"，职业发展评估测验测试"你的职业发展阶段如何"等。

2. 了解职业及职业环境——"知彼"

职业生涯规划不仅要对自我有一个充分的认识，还要充分了解相关环境因素，评估环境因素对自己职业生涯发展的影响，分析环境条件的特点、发展变化情况，把握环境因素的优势与限制，了解本专业、本行业的地位、优势及发展趋势等。面对这种情况，首先要多问问自己："社会需要什么样的人，什么样的行业、职业具有良好的发展前景，要达成理想的职业需要具备什么样的能力和素质"等。

在职业体系中，产业、行业与职业三者之间存在着归属关系，其中不同产业包括各种相应的行业，不同的行业中又包括了相应的职业。不同行业的选人、用人标准也

有所不同，各有侧重。如企业单位、科研单位、设计部门、政府机关、教育部门等对大学生的要求是不一样的。大学生在职业定位中，要对自己的职业目标所涉及的行业、职业、工种有一定的认识，以及了解这些行业、职业、工种对从业者有什么样的要求，你是否达到了这些要求，以便在大学期间能够有针对性地进行学习和锻炼，做好充分的前期准备。

3. 寻求个人与职业的最佳结合点——“人职匹配”

在了解自己与职业的基础上，职业生涯规划的关键点就是实现人职匹配，即选择与个人人格类型相一致或相近的工作环境，其中也包含职业定位和实施策略方面的问题。根据霍兰德人格类型理论，大学生所追求或从事的最佳职业，是自己人格类型与霍兰德人格六角形模型的一个顶点重合所对应的职业，若不能重合，应该根据自己的人格类型选择与之相邻的两个顶点之一类型的工作。良好的职业定位是以自己的最佳才能、最大兴趣、最有利的环境等信息为依据。职业定位过程中要考虑性格与职业的匹配、特长与职业的匹配、专业与职业的匹配等，个体在职业定位时应该注意以下几点。

（1）依据客观现实，考虑个人与社会、单位的联系。

（2）比较鉴别，比较职业的条件、要求、性质与自身条件的匹配情况，选择条件更适合自己、更符合自己的特长、更感兴趣，经过努力能很快胜任、有发展前途的职业。

（3）扬长避短，看主要方面，不要追求十全十美的职业。

（4）审时度势，及时调整，要根据情况变化及时调整择业目标，不能一成不变，固执己见。

4. 不断地实践和校正

职业规划实际上是一个持续不断的探索过程。在这一过程中，每个人都根据自己的天资、能力、动机、需要、态度和价值观慢慢地形成较为明晰的、与职业有关的自我概念。

初入职场的大学生要认真审视自己，若所从事的职业与自己的人格特质还没有到绝对相斥的地步，实际上是可以通过加强学习、锻炼、调整心态来慢慢适应的。因为一个职业除了自己喜欢外，更要考虑社会的需要及其社会价值，这是因为个人价值必须通过社会价值来实现，职业目标也是需要在职业实践中进行校正的。

二、舒伯生涯彩虹图理论

20 世纪 80 年代，舒伯进一步拓宽和修正了他的职业生涯发展理论，这期间他最主要的贡献就是提出生涯彩虹图理论。这一理论是以他的一个更为广阔的新观念——生

活广度、生活空间的生涯发展观作为理论基础的，且舒伯又加入了角色理论，并依据生涯发展阶段与角色彼此间交互影响的状况来描绘出一个多重角色生涯发展的综合图形。这个生活广度、生活空间的生涯发展图形，舒伯将其命名为“一生生涯的彩虹图”(Life-career rainbow)，形象地展现了生涯发展的时空关系，更好地诠释了生涯的定义（图 1-2）。

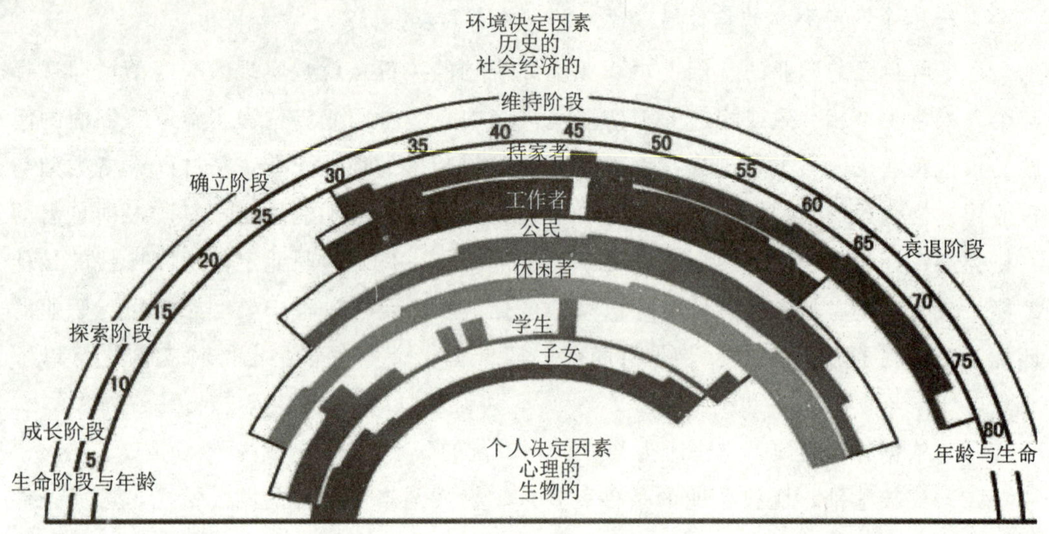

图 1-2　一生生涯的彩虹图

在生涯彩虹图中，纵向层面代表的是纵观上下的生活空间，由一组职位和角色所组成，分成子女、学生、休闲者、公民、工作者、持家者六种不同的角色，他们交互影响交织出个人独特的生涯类型。他认为在个人发展历程中，人们随年龄的增长而扮演不同的角色。图的外圈为主要发展阶段，内圈阴影部分的范围、长短不一，表示在该年龄阶段各种角色的分量：在同一年龄阶段可能同时扮演着数种角色，因此彼此会有所重叠，但其所占比例分量则有所不同。

根据舒伯的观点，一个人一生中扮演的许许多多角色，就像彩虹同时具有许多色带。舒伯将显著角色的概念引入了生涯彩虹图。他认为，角色除与年龄及社会期望有关外，与个人所涉入的时间及情绪程度都有关联，因此每一阶段都有显著角色。

（一）横贯一生的彩虹——生活广度

在一生生涯的彩虹图中，横向层面代表的是横跨一生的生活广度。彩虹的外层显示了人生主要的发展阶段和大致估算的年龄：成长期（约相当于儿童期），探索期（约相当于青春期），确立期（约相当于成人前期），维持期（约相当于中年期）以及衰退期（约相当于老年期）。在这五个主要的人生发展阶段内，各个阶段还有小的阶段。舒伯特别强调各个时期年龄划分有相当大的弹性，应依据个体不同的情况而定。

（二）纵贯上下的彩虹——生活空间

在一生生涯的彩虹图中，纵向层面代表的是纵贯上下的生活空间，由一组职位和角色所组成。舒伯认为人在一生当中必须扮演六种主要的角色，依次顺序为：子女、学生、休闲者、公民、工作者、持家者。各种角色之间是相互作用的：一个角色的成功，特别是早期的角色如果发展得比较好，将会为其他角色提供良好的关系基础；但是，在一个角色上投入过多的精力，而没有平衡协调各角色的关系，则会导致其他角色的失败。

三、舒伯生涯发展理论的优缺点及应用价值

（一）优点

（1）舒伯的生涯发展论综合了差异心理学、发展心理学、自我心理学以及有关职业行为发展方向的长期研究结果，舒伯本人比较喜欢将其理论命名为"差异—发展—社会—现象的心理学"。舒伯汲取了这四大学术领域中有关生涯发展的精华，建构了一套完整的生涯发展理论。其理论观点是现今生涯辅导的重要理论基础，指导目前生涯辅导的具体实施。

（2）舒伯不断地发展与完善自己的理论。以往的舒伯理论大多局限于他的发展阶段和对职业的自我观念论上，这些可以解释个体一生的生涯发展，其涵盖范围很广，但深度略嫌不够。"生活广度与生活空间的生涯发展即一生生涯彩虹图"的提出，正好弥补了原有的不足。在实际应用方面，一生生涯彩虹图横向的发展阶段、发展任务（即生活广度的部分）和纵向的生涯角色的发展（即生活空间的部分），交织成一个具体的生涯发展结构，这对辅导时促进个体的自我了解、自我实现，有很大裨益。

（二）缺点

（1）由于社会的快速变迁、终身学习观念的提出以及人的寿命的延长，生涯发展理论中关于中年期、老年期的角色与任务，有待进一步研究，否则理论会欠完整。

（2）生涯发展论似乎较忽略经济、社会因素对生涯发展方向的影响，而且学习的因素与职业发展历程的关系也需进一步深入研究。

（三）应用价值

（1）彩虹图可以很好地表示各个角色的变化。角色之间是互相作用的，某个角色上的成功能带动其他角色的成功；反之，一个角色的失败，也可能导致另一个角色的失败，而且，为了某一个角色的成功付出太大的代价，也有可能导致其他角色的失败。

（2）人的社会任务或职业生活不断变化，角色也随之变化，从一个角色进入另一个角色。角色转换的变化从根本上说是社会权利和义务的变化，而大学生就业后的社会角色转换不是瞬间发生和完成的，而是要有一个过程的。

（3）每一个人的生涯彩虹图都是不同的，所以我们从彩虹图中可以看到不同的生涯规划。

四、施恩的职业锚理论

职业锚理论产生于在职业生涯规划领域具有“教父”级地位的美国麻省理工学院斯隆商学院、美国著名的职业指导专家施恩教授领导的专门研究小组，是在对该学院毕业生的职业生涯研究中演绎成的。斯隆商学院的44名MBA毕业生，自愿形成一个小组接受施恩教授长达12年的职业生涯研究，包括面谈、跟踪调查、公司调查、人才测评、问卷等多种方式，最终分析总结出了职业锚（又称职业定位）理论。

（一）职业锚的含义

所谓职业锚，又称职业系留点。锚，是使船只停泊定位用的铁制器具。职业锚是指当一个人不得不做出选择的时候，他无论如何都不会放弃的职业中的那个至关重要的东西或价值观，实际就是人们选择和发展自己的职业时所围绕的中心。

职业锚也是自我意向的一个习得部分。它是个人进入早期工作情境后，由习得的实际工作经验所决定，与在经验中自省的动机、价值观、才干相符合，达到自我满足和补偿的一种稳定的职业定位。职业锚强调个人能力、动机和价值观三方面的相互作用与整合。职业锚是个人同工作环境互动作用的产物，在实际工作中是不断调整的。

了解职业锚的概念，要注意几个方面。

（1）职业锚以员工习得的工作经验为基础。职业锚发生于早期职业阶段，新员工已经工作若干年，习得工作经验后，方能选定自己稳定的长期贡献区。个人在面临各种各样的实际工作生活情境之前，不可能真切地了解自己的能力、动机和价值观以及在多大程度上适应可行的职业选择。因此，新员工的工作经验产生、演变和发展了职业锚。换句话说，职业锚在某种程度上由员工实际工作所决定，而不只是取决于潜在的才干和动机。

（2）职业锚不是员工根据各种测试评估出来的能力、才干或者作业动机、价值观，而是在工作实践中，依据自身和已被证明的才干、动机、需要和价值观，现实地选择和准确地进行职业定位。

（3）职业锚是员工自我发展过程中的动机、需要、价值观、能力相互作用和逐步整合的结果。

（4）员工个人及其职业不是固定不变的。职业锚是个人稳定的职业贡献区和成长

区。但是，这并不是意味着个人将停止变化和发展。员工以职业锚为其稳定源，可以获得该职业工作的进一步发展，以及个人生物社会生命周期和家庭生命周期的成长、变化。此外，职业锚本身也可能变化，员工在职业生涯的中后期可能会根据变化的情况，重新选定自己的职业锚。

（二）职业锚的类型

职业锚以员工习得的工作经验为基础，产生于早期职业生涯。员工的工作经验进一步丰富发展了职业锚。1978 年，美国施恩教授提出的职业锚理论包括五种类型：自主独立型职业锚、创业型职业锚、管理能力型职业锚、技术职能型职业锚、安全稳定型职业锚。随着职业锚理论的提出，人们逐渐发现职业锚的研究价值，越来越多的人加入研究的行列。在 20 世纪 90 年代，又发现了三种类型的职业锚：挑战型、生活型和服务型。施恩教授将职业锚增加到八种类型，并推出了职业锚测试量表。

1. 技术职能型（Technical Functional Competence）

技术职能型的人，追求在技术职能领域的成长和技能的不断提高，以及应用这种技术职能的机会。他们对自己的认可来自他们的专业水平，他们喜欢面对来自专业领域的挑战。他们一般不喜欢从事一般的管理工作，因为这将意味着他们放弃在技术职能领域的成就。

2. 管理能力型（General Managerial Competence）

管理型的人追求并致力于工作晋升，倾心于全面管理，独自负责一个部分，可以跨部门整合其他人的努力成果，他们想去承担整个部分的责任，并将公司的成功与否看成自己的工作。具体的技术功能工作仅仅被看作是通向更高、更全面管理层的必经之路。

3. 自主独立型（Autonomy Independence）

自主独立型的人希望随心所欲安排自己的工作方式、工作习惯和生活方式，追求能施展个人能力的工作环境，最大限度地摆脱组织的限制和制约。他们宁愿放弃提升或工作扩展的机会，也不愿意放弃自由与独立。

4. 安全稳定型（Security Stability）

安全稳定型的人追求工作中的安全与稳定感。他们因可以预测将来的成功而感到放松。他们关心财务安全，如退休金和退休计划。稳定感包括诚信、忠诚以及完成老板交代的工作。尽管有时他们可以达到一个高的职位，但他们并不关心具体的职位和具体的工作内容。

5. 创业型（Entrepreneurial Creativity）

创业型的人希望通过自己的能力去创建属于自己的公司或创建完全属于自己的产

品（或服务），而且愿意去冒险，并克服面临的障碍。他们想向世界证明公司是他们靠自己的努力创建的。他们可能正在别人的公司工作，但同时他们在学习并评估将来的机会。一旦他们感觉时机到了，他们便会自己走出去创建自己的事业。

6. 服务型（Service Dedication to a Cause）

服务型的人一直追求他们认可的核心价值，例如，帮助他人，提高人们的安全感，通过新的产品消除疾病。他们一直追寻这种机会，即使这意味着变换公司，他们也不会接受不允许他们实现这种价值的工作变换或工作提升。

7. 挑战型（Pure Challenge）

挑战型的人喜欢解决看上去无法解决的问题，战胜强硬的对手，克服无法克服的困难障碍等。对他们而言，参加工作或职业的原因是工作允许他们去战胜各种不可能。新奇、变化和困难是他们的终极目标。如果事情非常容易，他马上变得非常令人厌烦。

8. 生活型（Lifestyle）

生活型的人是喜欢允许他们平衡并结合个人的需要、家庭的需要和职业的需要的工作环境。他们希望将生活的各个主要方面整合为一个整体。正因如此，他们需要一个能够提供足够的弹性让他们实现这一目标的职业环境，甚至可以牺牲他们职业的一些方面，如提升带来的职业转换。他们将成功定义得比职业成功更广泛。他们认为自己在如何去生活，在哪里居住，以及如何处理家庭事业、在组织中的发展道路等方面都是与众不同的。

（三）职业锚的功能

职业锚在员工的工作生命周期中，在组织的事业发展过程中，发挥着重要的功能作用。

1. 使组织获得正确的反馈

职业锚是员工经过搜索所确定的长期职业贡献区或职业定位。这一搜索定位过程，依循着员工的需要、动机和价值观进行。所以，职业锚清楚地反映出员工的职业追求与抱负。同样，从职业锚可以判断雇员达到成功的标准。职业成功无一致的定义和标准，因职业锚的不同而不同。对于管理型职业锚的雇员来讲，其职业成功在于升迁到高职位，获得管理更多人的机会和更大的管理权；而对于安全型职业锚的雇员来讲，求得一个稳定地位和收入不低的工作，有着优雅的工作环境和轻松的工作节奏，就是职业成功的标志了。

2. 为员工设置可行有效的职业渠道

职业锚准确地反映员工职业需要及其所追求的职业工作环境，反映员工的价值观和抱负。透过职业锚，组织获得员工正确信息的反馈，这样，组织才可能有针对性地

对员工职业发展设置可行的、有效的、顺畅的职业渠道。个人则因为组织有效的职业管理，自身的职业需要得以满足，必然深化对组织有效的职业管理的服从和对组织的情感认同。于是，组织和个人双方相互深化了解，相互交融达到深度稳定的相互接纳。

3. 增长员工工作经验

职业锚是员工职业工作的定位，是贡献区。相对稳定地长期从事某项职业必然能增长工作经验；经验的丰富和积累，既使个人知识扩增，也使个人职业技能不断增强，直接产生提高工作效率和劳动生产率的明显效益。

4. 为员工做好奠定中后期工作的基础

之所以说职业锚是中后期职业工作的基础，是因为职业锚是员工通过工作经验的积累而产生的，它反映了该员工的价值观和被发现的才干。当员工抛锚于某一种职业工作过程，就是他们的自我认知过程，是把职业工作与自我观相结合的过程，并开始决定成年期的主要生活和职业选择。

（四）职业锚的个人开发

职业锚是个人早期职业发展过程中逐步确立的职业定位。在一定程度上说，在职业锚的选定或开发中，员工个人起着决定性作用。在进行职业锚的个人开发的过程中，必须注意以下几点。

1. 提高职业适应性

一般而言，新员工经过认识、塑造、充实规划自我等诸多职前准备，经过一定的科学的职业选择，进入企业组织，这本身即代表了该员工个人对所选择职业有一定的适合性。但是这种适合性，仅是初步的，是主观的认识、分析、判断和体验，尚未经过职业工作实践的验证。

职业适应性是职业活动实践中验证和发展了的适合性。每个人从事职业活动，总是处于一定的物质环境和心理环境之中，个人从事职业的态度受到诸多主客观因素的影响。例如，个人对工作的兴趣、价值观、技能、能力、客观的工作条件、福利情况、他人和组织对自己工作的认可及奖励情况、人际关系情况，以及家庭成员对本人职业工作的态度等。个人的职业适应性就是能尽快习惯、调适、认可这些因素，也就是员工在组织的具体职业活动中，使职业工作性质、类型和工作条件与个人需要和价值目标相融合，使自身在职业工作生活中获得最大的满足。职业适应的结果能保证员工个人在较长一段时间内从事某种职业活动，而且能保证员工在职业活动中有较高的效率，有利于员工个性的全面协调发展。

因此，员工由初入组织的主观职业适合，通过职业活动实践，转变为职业适应的过程，即是员工搜寻职业锚或开发职业锚的过程。职业适应性是职业锚的准备或前提基础。

2. 借助组织的职业计划表，选定职业目标，发展职业角色形象

职业计划表是一张工作类别结构表，是将组织所设计的各项工作分门别类进行排列，形成一个较系统反映企业人力资源配给情况的图表。员工应当借助职业计划表所列职工工作类别、职务升迁与变化途径，结合个人的需要与价值观，实事求是地选定自己的职业目标。一旦瞄准目标，就要根据目标工作职能及其对人员素质的要求有目的地进行自我培养和训练，使自己具备从事该项职业的充分条件，从而在组织内树立良好的职业角色形象。

职业角色形象是员工个人向组织及其工作群体的自我职业素质的全面展现，是组织或工作群体对个人关于职业素质的一种根本认识。职业角色形象构成主要有两大要素：一是职业道德思想素质，通过敬业精神、对本职工作热爱与否、事业心、责任心、工作态度、职业纪律、道德等来体现；二是职业工作能力素质，主要看员工所具有的智力、知识、技能是否胜任本职工作。员工个人应当从上述两个主要的基本构成要素入手，很好地塑造自己的职业角色形象，为自己确定职业锚位创造条件，奠定基础。

3. 培养和提高自我职业决策能力和决策技术

自我职业决策能力是一种重要的职业能力。决策能力大小、决策正确与否，往往影响整个职业生涯发展乃至一生。在个人的职业发展过程中，特别是职业发展转折关头，例如，首次择业、选定职业锚、重新择业等，具有强制职业决策能力和决策技术十分重要。所以，个人在选择、开发职业锚之时，必须着力培养和提高职业决策能力。

所谓自我职业决策能力，是指个人习得的用以顺利完成职业选择活动所需要的知识、技能及个性心理品质。培养和提高个人的职业决策能力，主要体现在以下方面：①善于搜集相关的职业资料和个人资料，并对这些资料进行正确的分析与评价；②制订职业决策计划与目标，独立承担和完成个人职业决策任务；③在实际决策过程中，不是犹豫不决、不知所措、优柔寡断，而是有主见性，能适时地、果断地做出正确决策；④能有效地实施职业决策，能够克服计划实施过程中的各种困难。

职业决策能力运用于实际的职业决策之时，需要讲求决策技术，掌握住决策过程。首先，搜集、分析与评价各项相关职业资料及个人资料，这一工作即是对几种职业选择途径的后果与可能性的分析和预测。

其次，对个人预期职业目标及价值观进行探讨。个人究竟是怎样的职业价值倾向？由此决定的职业目标是什么？类似的问题并非每个人都十分清楚。现实当中，经常会发生价值观念不清、不确定的情况。所以，澄清、明确和肯定个人主观价值倾向与偏好当为首要，否则无法做出职业决策。

最后，在上述两项工作的基础上，将主观愿望、需要、动机和条件，与客观职业需要进行匹配和综合平衡，经过权衡利弊得失，确定最适合、最有利、最佳的职业岗

位。这一决策选择过程是归并个人的自我意向，找到自己爱好的和擅长的东西，发展一种将带来满足和报偿的职业角色的过程。

（五）职业锚理论对大学生职业生涯规划的意义

1. 帮助学生准确进行自我定位

职业锚是内心深处对自己的看法和自我定位，是人们选择和发展自己的职业时所围绕的中心，能指导、约束或稳定个人的职业生涯，它决定着个人职业生涯的方向，也决定着职业生涯规划的成败。因此，大学生职业生涯规划的首要环节就是自我分析、自我定位。大学毕业生求职之前先要进行职业生涯规划，进行职业生涯规划之前先要进行自我定位，先要弄清楚自己想要干什么、能干什么，自己的兴趣、才能、学识适合干什么。通过自我分析与可靠的量表工具的测量，评估出自己的职业倾向、能力倾向和职业价值观。

2. 帮助学生认知职业生涯规划的动态性

一个人的“职业锚”是在不断变化的，它实际上是一个不断探索过程所产生的动态结果。有些学生也许一直不知道自己的“职业锚”是什么，但他们在借助学校提供的各种平台进行实践探索的过程中，增长了技能、兴趣、实践经验，他们的自我评估会随之更加全面和准确，在作出某种重大职业选择的时候，就能逐渐认识到自己的“职业锚”是什么。同时，学生在实践中了解到当今社会正处于激烈的变化中，他们的就业观念也需要发生相应的转变，职业生涯规划也应随之调整。所以，环境的变化导致自我观念的变化，个人“职业锚”也会相应发生变化，学生认识到不能一次性地把终身职业生涯的每一个具体细节都确定下来，职业规划是一个长期并且动态的过程。

3. 帮助学生把握职业生涯教育的重点内容

从职业生涯发展过程来看，职业生涯发展一般经历以下五个阶段：职业准备期、职业选择期、职业适应期、职业稳定期和职业结束期。大学生职业生涯规划的侧重点在前三个阶段。“职业锚”理论可以帮助大学生了解大学职业生涯教育的价值和意义，引导大学生对职业进行物质、心理、知识、技能等各方面的充分准备；同时，帮助毕业生根据有关分析，结合自己的“职业锚”，客观地作出职业选择，帮助他们建立合理的心理预期，从而尽快适应从校园学生向社会职业人的转变。

拓展阅读

日本丰田公司在运用员工的“职业锚”方面给了我们有益的借鉴。丰田对于岗位一线工人采用工作轮调的方式来培养和训练多功能作业员，这样既提高了工人的全面操作能力，又使一些生产骨干的经验得以传授。员工还能在此过程中发现自己的优势在哪里，从而进行准确定位，找到真正适合自己的岗位。一旦员工确立了自己的职业锚，工作起来将会更具积极性和主动性，效率将会有很大提高。

丰田采取5年调换一次工作的方式对各级管理人员进行重点培养。每年1月1日进行组织变更，一般以本单位相关部门为调换目标，调换幅度在5%左右。短期来看，转岗需要有熟悉操作的适应过程，可能导致生产效率的降低，但对企业长久发展来看则是利大于弊。经常的有序换岗还能给员工带来适度的压力，促使员工不断学习，使企业始终保持一种生机勃勃的氛围。

思考与练习

大学生职业生涯规划有什么意义？

第二章　绘制我的自画像

——全面自我认知

龙永图先生在贵州卫视高端对话节目《论道》中以自己为例讲述了自我认识在职业选择中的重要性。他谈到在做人生的选择的时候，最重要的就是要听从自己内心的那个声音，不要太多地受到外界的干扰。有些事情所有的人看起来都挺好，但自己并不觉得好。

他在过了60岁以后，曾做出了一个很重要的决定。当时加入世贸组织的谈判刚刚结束，他面临两个选择，一个是到博鳌当秘书长，另外一个就是到联合国的一个主要机构当秘书长，相当于联合国副秘书长级别。所有的人，包括他的领导和他的同事都劝他接受这个职位。但是他却能够冷静地思考，从自身的需求出发进行深入分析。他认为自己在国外的时间太长了，再一次到联合国去的话，可以干两届，这样至少要"流亡"5～10年。那么多年与外国人的谈判生涯使他更加眷恋在国内的生活，特别愿意留在国内，同家人在一起生活；而且中国当时正处在一个大变动大发展的时期，很多外国人都想来中国工作，综合分析后他决定留下来。直到现在他仍然觉得这个决定非常正确。

从龙永图身上，我们可以看出成功者的优势就是能够正确地认识自己，知道什么是自己最需要的，然后努力去追寻。

我们每个人都有巨大的潜能，每个人都有自己独特的个性和长处。能否正确认识自我，在很大程度上影响或决定着一个人的前程和命运。如何才能正确认识自我？在走出迷失的自我的基础上，掌握正确的自我认知方法便能全面正确地得到自我认知。只有当你认识自己之后，你才能客观地评价和正确对待你自己的优点和缺点，从而扬长避短。认识你自己，能使你从失败中总结教训，使你不断成长，使你的职业生涯更精彩。

第一节 性格认知

一、性格的概念

性格也称人格特质，是一个人在生活中对人、对事、对自己、对外在环境所表现出来的一致性反应方式。

美国著名职业生涯指导专家约翰·霍兰德（John Holland）认为，性格是兴趣、价值观、需要、技能、信念、态度和学习风格的综合体；职业选择是性格的一种表现、是个人人格的反应和延伸。

二、性格与职业的关系

性格和职业的最佳匹配将使我们成为更有效的工作者。我们从周围的人中可以发现，同一职业类型或团体中往往聚集着人格相似的人，比如，销售行业的人多数是性格外向型，会计行业的人比较细心，教师善于关心爱护他人，从政的人手腕比较强硬、执行力强。如果一个人所从事的职业与其人格类型是匹配的，则他工作起来就轻松愉快、得心应手、富有成就，反之则会不适应、困难重重，给个人的发展和组织造成影响。职业指导就是帮助个人了解自己属于哪一种类型，以便以在对应的职业环境中寻找合适的职业，从而使职业选择的方向性更强，而且选中的职业与自己个性最为匹配，以利于个人发挥才能和实现价值。

三、MBTI 人格理论

MBTI（Myers-Briggs Type Indicator），中文名称为迈尔斯—布莱格斯个性分析指标，是一种迫选型、自我报告式的性格评估测试，用以衡量和描述人们在获取信息、做出决策、对待生活等方面的心理活动规律和性格类型。

1920 年，瑞士著名心理学家卡尔·荣格提出了人格理论，强调人类有许多原始的本能，并总结了四个心理学功能：思想、情感、感觉和直觉。利用这四种心理学功能与内外向的划分，可以划分人的不同人格类型，于是，荣格提出了“功能类型”理论，又叫作“心理学类型”理论。在此基础上，美国心理学家布莱格斯（Katherine C. Briggs）和她的女儿迈尔斯（Isabel Briggs-Myers）进一步研究发展出心理测评工具，

被称为 Myers-Briggs Type Indicator（MBTI）。经过长达 50 多年的研究和发展，MBTI 已经成为当今全球最为著名和权威的性格测试。该理论根据 4 个维度 8 个向度将人的性格分为 16 种类型。这种理论可以帮助解释为什么不同的人对不同的事物感兴趣、擅长不同的工作，并且有时不能互相理解。

这个工具已经在世界上运用了几十年的时间，夫妻利用它增进融洽，教师学生利用它提高学习、授课效率，青年利用它选择职业，组织利用它改善人际关系、团队沟通、组织建设、组织诊断等多个方面。在世界 500 强企业中，有 80％的企业有 MBTI 的应用经验。MBTI 主要应用于职业发展、职业咨询、团队建议、婚姻教育等方面，是目前国际上应用较广的人才甄别工具。

MBTI 倾向显示了人与人之间的差异，而这些差异产生于：人们把注意力集中在何处，从哪里获得动力（外向、内向）；人们获取信息的方式（实感、直觉）；人们做决定的方法（思维、情感）；人们对外在世界是如何取向（判断、知觉）。MBTI 人格分为 4 个维度，每个维度有 2 个方向，共计 8 个方面，分别是：精力支配（外向—内向）、认识世界（实感—直觉）、判断事物（思维—情感）、生活态度（判断—知觉）。其中两两组合，共计组合成 16 种人格类型。

1. 第一个维度：外倾型（Extrovert）—内倾型（Introvert）

性格类型的第一个维度与我们对周围世界的互动有关，解释能量释放到何处，从何处获得活力，见表 2-1。

表 2-1　性格类型的第一个维度

外倾型的人	内倾型的人
与他人在一起感到振奋	独自一人时感到兴奋
希望能成为注意的焦点	避免成为注意的焦点
先行动，再思考	先思考，再行动
喜欢边想边说出声，易于被了解，愿与人共享	个人信息注重隐私，只与少数人共享信息
说得比听得多	听得比说得多
热情地交流，精神抖擞	不把热情表现出来，显得矜持
反应迅速，喜欢快节奏	思考后再反应，喜欢慢节奏
较之精深，更喜欢广博	较之广博，更喜欢精深

2. 第二个维度：感觉型（Sensory）—直觉型（Intuitive）

性格类型的第二个维度与我们平时接受信息和获取信息的方式有关。个性类型的第二个维度见表 2-2。

表 2-2 性格类型的第二个维度

感觉型	直觉型
相信确定而有形的事物，相信看到、听到的	相信灵感和推理，相信“第六感”（直觉）
喜欢具有实际意义的新主意	喜欢新主意和新概念，只出于自己的意愿
崇尚现实主义与常识	崇尚想象力和新事物
喜欢运用和琢磨已有的技能	喜欢学习新技能，但掌握之后容易厌倦
留心特殊的和具体的，喜欢细节	留心普遍和有象征性的，使用隐喻和类比
循序渐进地给出信息	跳跃式的，以一种绕圈的方式给出信息
着眼于现在	着眼于将来
只相信可以测量、能够记录下来的	相信字面之外的信息

3. 第三个维度：思考型（Thinking）—情感型（Feeling）

性格类型的第三个维度涉及我们处理信息和做决定、结论的方式，见表 2-3。

表 2-3 性格类型的第三个维度

思考型	情感型
后退一步，客观分析问题	向前看，关心行动给他人带来的影响
崇尚逻辑、公正和公平，有统一标准	注重情感与和睦，看到规则的例外性
自然地发现缺点，有吹毛求疵的倾向	自然地想让别人快乐，易于理解别人
可能被视为无情、麻木、漠不关心	可能被视为过于感情化，无逻辑、脆弱
认为诚实比机敏更重要	认为诚实与机敏同样重要
认为合乎逻辑的感情才是正确的	认为所有感情都是正确的，无论是否有意义
受获得成就欲望的驱使	受渴望被人理解的驱使
按逻辑做决定	按爱好和感觉做决定

4. 第四个维度：判断型（Judging）—知觉型（Perceiving）

性格类型的第四个维度所关注的是一个人的行为方式，见表 2-4。

表 2-4 性格类型的第四个维度

判断型	知觉型
做完决定后感到快乐	因保留选择的余地而快乐
具有“工作原则”：先工作再玩（有时间的话）	具有“玩的原则”：先玩再工作（有时间的话）
确立目标并按时完成任务	当有新的情况时便更改目标
想知道自己的处境	喜欢适应新环境

续表

判断型	知觉型
注重过程	注重结果
通过完成任务获得满足	通过着手新事物而获得满足
把时间看成有限的资源，认真对待时间	把时间看成无限的资源，认为时间期限是活的
重条理性、计划性	重机动性、自由变通

5. 性格探索方法

探索方法一般分为正式评估和非正式评估。正式评估是指利用测评（测量、测验）工具、有明确实施办法计分原则、需要专业人士解释规则并提供正式测评报告的评估手段，它的特点是结构化较强。非正式评估是以一种不如标准测评那么结构化的方式来搜集有关个体信息的方法，往往通过故事、活动来鉴别、判定相关问题，它是一种没有测评报告的评估手段。

(1) 探索外向/内向（Extrovert/Introvert）。

例如："飞行故事"。

常河、王付、陈晨、赵海、刘枚五人一起坐飞机出差。在飞行途中飞机出现了故障，五人表现如下：

常河："飞行员，怎么回事？怎么会发生这种情况？"

王付："刘枚，你帮忙去看一下仪表盘的显示情况吧！"

陈晨：（皱着眉嘟囔）怎么撞上这种倒霉事！

赵海：（拿出一小瓶"二锅头"）幸好我带来"二锅头"，最后还能喝上一回！

刘枚一直仔细观察着每一个人的表现。

①你最喜欢谁？谁和你的行为一样？

②分组讨论，为什么你那样去做？

③达成共识后，对照外向/内向（E/I）特点，记下自己的代码（E或I）。

(2) 探索感觉/直觉（Sensory/Intuitive。

例如："给大海（地震等）下定义"。

①你怎么下的定义？

②你和谁的一样？分组讨论，为什么你那样去做？

③达成共识后，对照感觉/直觉（S/N）特点，记下自己的代码（S或N）。

(3) 探索思考/情感（Thinking/Feeling）。

例如："该录用谁"。

张明和林清是即将毕业的同一高校的两位优秀学生。张明来自省会城市，精力充沛、性格开朗、组织能力强，一直担任班长；对他来说，找工作可不是一件难事。林

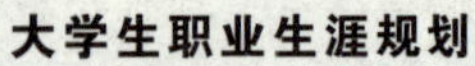

清来自偏远地区的农村，学习刻苦、做事认真、成绩优秀；对他来说，你们公司这份工作非常重要，因为父母务农的他，家里还有两个弟妹分别在读初三和高二，很需要他尽快挣工资贴补家用，因此他放弃了保送读研的机会。

①假如由你来决定，你会选择谁？

②你和谁选的一样？分组讨论，为什么？

③达成共识后，对照思考/情感（T/F）特点，记下自己的代码（T或F）。

（4）探索判断/知觉（Judging/Perceiving）。

例如："决策"。

今天是周六，你周一上午有个重要的考试。这时，你接到一个好朋友的电话，他/她约你今天晚上吃饭聚会。去还是不去，你如何决定？

①你会怎样选择？

②你和谁选的一样？分组讨论，为什么？

③达成共识后，对照判断/知觉（J/P）特点，记下自己的代码（J或P）。

通过四步探索，每位同学都有四个代码，这个代码就是你的性格代码，也称为人格类型代码。然后对照十六种人格类型代码和十六种人格类型偏爱的工作环境来认识自己的性格。

四、十六种人格类型的组合

人格类型的四个维度组合，成为十六种类型，每个人基本上都能在这里找到自己的类型组合。每一种类型组合都有适合的工作类型。

（一）ISTJ型：内倾＋感觉＋思考＋判断

ISTJ型的人是严肃的、有责任心的和通情达理的社会坚定分子。他们值得信赖，他们重视承诺，对他们来说，言语就是庄严的宣誓。ISTJ型的人工作缜密，讲求实际，很有头脑也很现实。他们具有很强的集中力、条理性和准确性。无论他们做什么，都相当有条理和可靠。他们具有坚定不移、深思熟虑的思想，一旦他们着手自己相信是最好的行动方法时，就很难转变或变得沮丧。

ISTJ型的人特别安静和勤奋，对于细节有很强的记忆力和判断力。他们能够引证准确的事实支持自己的观点，把过去的经历运用到现在的决策中。他们重视和利用符合逻辑、客观的分析，以坚持不懈的态度准时地完成工作，并且总是安排有序，很有条理。他们重视必要的理论体系和传统惯例，对于那些不是如此做事的人则很不耐烦。

ISTJ型的人总是很传统、谨小慎微。他们聆听和喜欢确实、清晰地陈述事物。ISTJ型的人天生不喜欢显露，即使危机之时，也显得很平静。他们总是显得责无旁贷、坚定不变，但是在他们冷静的外表之下，也许有强烈却很少表露的反应。

比较适合的职业：工程师、审计员、医学研究者、后勤经理、预算分析员、证券经纪人、计算机程序员、信息总监、地质学者、会计、文字处理专业人士等。

（二）ISFJ 型：内倾＋感觉＋情感＋判断

ISFJ 型的人忠诚、有奉献精神和同情心，理解别人的感受。他们意志清醒而有责任心，乐于为人所需。

ISFJ 型的人十分务实，他们喜欢平和谦逊的人。他们喜欢利用大量的事实情况，对于细节则有很强的记忆力。他们耐心地对待任务的整个阶段，喜欢事情能够清晰明确。ISFJ 型的人具有强烈的职业道德，所以他们如果知道自己的行为真正有用时，会对需要完成之事承担责任。他们准确系统地完成任务。他们具有传统的价值观，十分保守。他们利用符合实际的判断标准做决定，通过出色的注重实际的态度增加了稳定性。

ISFJ 型的人平和谦虚、勤奋严肃。他们温和、圆通，支持朋友和同伴。他们乐于协助别人，喜欢实际可行地帮助他人。他们利用个人热情与人交往，在困难中与他人和睦相处。ISFJ 型的人不喜欢表达个人情感，但实际上对于大多数的情况和事件都具有强烈的个人反应。他们关心、保护朋友，愿意为朋友献身，他们有为他人服务的意识，愿意完成他们的责任和义务。

比较适合的职业：图书管理员、教师、人事管理人员、电脑操作员、商品规划师、顾客服务代表、信贷顾问、零售业主、房地产代理或经纪人、艺术人员、室内装潢师、语言病理学者等。

（三）ISFP 型：内倾＋感觉＋情感＋知觉

ISFP 型的人平和、敏感，他们保持着许多强烈的个人理想和自己的价值观念。他们更多的是通过行为而不是言辞表达自己深沉的情感。

ISFP 型的人谦虚而缄默，但实际上他们是具有巨大的友爱和热情之人，但是除了与他们相知和信赖的人在一起外，他们不经常表现出自我的另一面。因为 ISFP 型的人不喜欢直接地自我表达，所以经常被误解。

比较适合的职业：室内/风景设计师、优先客户销售代表、厨师、商品规划师、测量师、行政人员、海洋生物学者、旅游销售经理、职业病理专业人员等。

（四）ISTP 型：内倾＋感觉＋思考＋知觉

ISTP 型的人坦率、诚实、讲求实效，他们喜欢行动而非漫谈。他们很谦逊，对于完成工作的方法有很好的理解力。

ISTP 型的人擅长分析，所以他们对客观含蓄的原则很有兴趣。他们对于技巧性的事物有天生的理解力，通常精于使用工具和进行手工劳动。他们往往做出有条理而保密的决定。他们仅仅是按照自己所看到的，有条理而直接地陈述事实。

ISTP 型的人好奇心强，而且善于观察，只有理性、可靠的事实才能使他们信服。他们重视事实，事实简直就是他们知之甚深的知识的宝库。他们是现实主义者，所以能够很好地利用可获得的资源，同时他们善于把握时机，这使他们变得很讲求实效。

ISTP 型的人平和而寡言，往往显得冷酷而清高，而且容易害羞，除了是与好朋友在一起时。他们平等、公正。他们往往受冲动的驱使，对于即刻的挑战和问题具有相当的适应性和反应能力。因为他们喜欢行动和兴奋的事情，所以他们乐于户外活动和运动。

比较适合的职业：软件开发商、证券分析员、管理顾问、电子专业人士、信息服务开发人员、海洋生物学者、银行职员、后勤与供应经理、技术培训人员、经济学者等。

（五）INFJ 型：内倾＋直觉＋情感＋判断

INFJ 型的人生活在思想的世界里。他们是独立的、有独创性的思想家，具有强烈的感情、坚定的原则和正直的人性。即使面对怀疑，INFJ 型的人仍相信自己的看法与决定。他们对自己的评价高于其他的一切，包括流行观点和存在的权威，这种内在的观念激发着他们的积极性。

通常 INFJ 型的人具有本能的洞察力，能够看到事物更深层的含义。即使他人无法分享他们的热情，但灵感对于他们也是很重要的。

比较适合的职业：艺术指导、事业发展顾问、营销人员、媒体特约规划师、企业组织发展顾问、企业培训人员、编辑、口译人员、人力资源经理、职业分析人员、社会科学工作者。

（六）INTJ 型：内倾＋直觉＋思考＋判断

INTJ 型的人是完美主义者。他们强烈地要求个人自由和能力，同时在他们独创的思想中，不可动摇的信仰促使他们达到目标。

INTJ 型的人思维严谨、有逻辑性、足智多谋，他们能够看到新计划实行后的结果。他们对自己和别人都很苛求，往往几乎同样强硬地逼迫别人和自己。他们并不十分受冷漠与批评的干扰，作为所有性格类型中最独立的，INTJ 型的人更喜欢以自己的方式行事。面对相反意见，他们通常持怀疑态度，十分坚定和坚决。权威本身不能强制他们，只有他们认为这些规则对自己的更重要的目标有用时，才会去遵守。

INTJ 型的人是天生的谋略家，具有独特的思想、伟大的远见和梦想。他们天生精于理论，对于复杂而综合的概念运转灵活。他们是优秀的战略思想家，通常能清楚地

看到任何局势的利处和缺陷。对于感兴趣的问题，他们是出色的、具有远见和见解的组织者。如果是他们自己形成的看法和计划，他们会投入不可思议的注意力、能量和积极性。领先到达或超过自己的高标准的决心和坚忍不拔，使他们获得许多成就。

比较适合的职业：信息系统开发商、管理顾问、经济学者、国际银行业务职员、金融规划师、运作研究分析人员、综合网络专业人员等。

（七）INFP 型：内倾＋直觉＋情感＋知觉

INFP 型的人把内在的和谐视为高于其他一切。他们敏感、理想化、忠诚，对于个人价值具有一种强烈的荣誉感。他们个人信仰坚定，有为自认为有价值的事业献身的精神。INFP 型的人对于已知事物之外的可能性很感兴趣，精力集中于他们的梦想和想象。

比较适合的职业：创造性职业/艺术类，如艺术家、作家、建筑师、演员、音乐家、信息制图设计师、艺术指导（杂志）；教育咨询职业类，如大学教授、教育顾问、社会工作者、心理学专家等。

（八）INTP 型：内倾＋直觉＋思考＋知觉

INTP 型的人是解决理性问题者。他们很有才智和条理性，以及创造才华的突出表现。INTP 型的人外表平静、缄默、超然，内心却专心致志于分析问题。他们苛求精细、惯于怀疑。他们努力寻找和利用原则以理解许多想法。他们喜欢有条理和有目的的交谈，而且可能会仅仅为了高兴，争论一些无益而琐细的问题。只有有条理的推理才会使他们信服。

比较适合的职业：战略规划师、电脑软件设计师、系统分析人员、研究开发人员、金融规划师、信息服务开发商、变革管理顾问、企业金融律师等。

（九）ESTP 型：外倾＋感觉＋思考＋知觉

ESTP 型的人不会焦虑，因为他们是快乐的。ESTP 型的人活跃、随遇而安、天真率直。他们乐于享受现在的一切，而不是为将来计划什么。ESTP 型的人很现实，他们信任和依赖于自己对这个世界的感受。他们是好奇而热心的观察者。因为他们接受现在的一切，所以他们思维开阔，能够容忍自我和他人。

比较适合的职业：手工艺人、企业家、业务运作顾问、证券经纪人、银行职员、个人理财专家、预算分析者、综合网络专业人士、旅游代理、促销商、技术培训人员、新闻记者、工程师等。

（十）ESFP 型：外倾＋感觉＋情感＋知觉

ESFP 型的人外向、友好、接受力强。他们热爱生活、人类和物质上的享受，喜欢

和别人一起将事情做成功。他们在工作中讲究常识和实用性，并使工作显得有趣。他们灵活、自然不做作，对于任何新的事物都能很快地适应。他们认为学习新事物最有效的方式是和他人一起尝试。

比较适合的职业：社会工作者、公关专业人士、劳工关系调解人、旅游销售经理、零售经理、团队培训人员、旅游项目经营者、表演人员、特别事件协调人、融资者、商品规划师、保险代理/经纪人等。

（十一）ENFP 型：外倾＋直觉＋情感＋知觉

ENFP 型的人充满热情和新思想。他们乐观、自然、富有创造性和自信，具有独创性的思想和对可能性的感受强烈。对于 ENFP 型的人来说，生活是激动人生的戏剧。ENFP 型的人对可能性很感兴趣，所以他们了解所有事物中的深远意义。他们具有洞察力，是热情的观察者，注意常规以外的任何事物。ENFP 型的人好奇，喜欢理解而不是判断。

比较适合的职业：环保律师、营销经理、人力资源经理、变革管理顾问、企业/团队培训人员、广告客户经理、战略规划人员、宣传人员、事业发展顾问、研究助理、广告撰稿员、播音员、开发总裁等。

（十二）ENTP 型：外倾＋直觉＋思考＋知觉

ENTP 型的人喜欢兴奋与挑战。他们热情开放、足智多谋、健谈而聪明，擅长许多事情，不断追求提升能力和个人权力。ENTP 型的人天生富有想象力，他们深深地喜欢新思想，留心一切可能性。他们有很强的首创精神，擅于运用创造冲动。

比较适合的职业：营销策划人员、国际营销商、金融规划师、人事系统开发人员、广告创意指导、投资经纪人、后勤顾问、工业设计经理、投资银行职员等。

（十三）ESTJ 型：外倾＋感觉＋思考＋判断

ESTJ 型的人高效率地工作，自我负责，监督他人工作，合理分配和处置资源，主次分明，井井有条；能制定和遵守规则，多喜欢在制度健全、等级分明、比较稳定的企业工作；倾向于选择较为务实的业务，以有形产品为主；喜欢工作中带有和人接触、交流的成分，但不以态度取胜；不特别强调工作的行业或兴趣，多以职业角度看待每一份工作。

比较适合的职业：电脑分析人员、银行官员、项目经理、普通承包商、数据库经理、证券经纪人、信息总监、业务运作经理、保险代理、后勤与供应经理、工厂主管等。

（十四）ESFJ 型：外倾＋感觉＋情感＋判断

ESFJ 型的人通过直接的行动和合作积极地以真实、实际的方法帮助别人。他们友好、富有同情心和责任感。ESFJ 型的人把他们同别人的关系放在十分重要的位置，所以他们往往具有和睦的人际关系，并且通过很大的努力以获得和维持这种关系。

比较适合的职业：电信营销员、公关客户经理、个人银行业务员、信贷顾问、销售代表、房地产经纪人、零售业主、餐饮业者、营销经理、接待员、人力资源顾问、簿记员等。

（十五）ENFJ 型：外倾＋直觉＋情感＋判断

ENFJ 型的人热爱人类，他们认为人的感情是最重要的。他们很自然地关心别人，以热情的态度对待生命，感受与个人相关的所有事物。由于他们很理想化，按照自己的价值观生活，因此 ENFJ 型的人对于他们所尊重和敬佩的人、事业和机构非常忠诚。他们精力充沛、满腔热情，富有责任感，勤勤恳恳、锲而不舍。

比较适合的职业：公关专业人士、人力资源开发培训人员、销售经理、小企业经理、程序设计员、生态旅游专家、广告客户经理、协调人、交流总裁、作家、记者、非营利机构总裁等。

（十六）ENTJ 型：外倾＋直觉＋思考＋判断

ENTJ 型的人是伟大的领导者和决策人。他们能轻易地看出事物具有的可能性，很高兴指导别人，使他们的想象成为现实。他们是头脑灵活的思想家和伟大的长远规划者。因为 ENTJ 型的人很有条理和分析能力，所以他们通常对要求推理和才智的任何事情都很擅长。为了在完成工作中称职，他们通常会很自然地看出所处情况中可能存在的缺陷，并且立刻知道如何改进。他们力求精通整个体系，而不是简单地把它们作为现存的接受而已。

比较适合的职业：国际销售经理、人事/销售/营销经理、技术培训人员、后勤/电脑信息服务和组织重建顾问、特许经营业主、程序设计员、环保工程师等。

职场故事

IBM 公司是成功运用 MBTI 工具的公司之一。IBM 公司曾准备在印度市场拓展业务，由于对印度缺乏了解和文化的偏见，没有人愿意前往。IBM 相关部门运用 MBTI 工具对候选人进行了性格类型的针对性研究，“一把钥匙开一把锁”。对于 IFSE（内向情感带外向实感）型的人，采用情绪渲染的手段，说明在印度工作不仅有自我发挥的巨大空间还可以领略印度灿烂的古代文明，是一种难得的人生体验。而针对ETNI（外向思考带内向直觉）型的人就用晋升、加薪和新工作富于挑战性和提升自身能力等手段来进行游说，最终顺利地完成了这项工作。

IBM还成功运用MBTI帮助员工选择更好的职业发展途径。ALAN是IBM公司MBTI战略中的典型一员：ALAN与下属沟通不畅，完成任务也有些困难。通过MBTI的测试，ALAN是ENTP（外向直觉带思考知觉）型的人，而他的下属是ISTP（内向感觉带理智知觉）型的人，ALAN的领导风格倾向于一种互动的领导行为，更具创造性和应对变化的能力，不可避免地会与下属存在分歧。ALAN更适合于创造性较强的领域，因此建议他选择品牌经理这个上升通道，这样更利于他的职业发展。

五、更好地理解性格

性格是先天遗传和后天影响共同作用的结果，性格类型没有对错。而在工作或人际关系上，也没有更好或更坏的组合。每一种性格类型给每一个人都能带来独特的优点。

哪一种性格类型最符合你，是由你自己来做最后判断的。你的性格分析结果是根据你在回答问题上的选择来建议你最可能属于哪一种性格类型，但是，只有你自己才知道自己真正的性格类型。

性格没有好坏之分，最好不要强行或是刻意地去改变它，而是应该知道自己的性格并找到适合的工作；设法尽量发挥自己的性格特长。

你可以用性格类型去理解和原谅自己，但不能以它作为你做或不做任何事情的借口。不要让性格类型左右你对任何事业、活动或人际关系的选择。

拓展阅读

名人职业生涯设计——比尔·拉福

【背景】一个美国小伙子立志做一名优秀的商人。中学毕业后他考入麻省理工学院，没有去读贸易专业，而是选择了工科中最普通最基础的专业——机械专业。大学毕业后，这位小伙子没有马上投入商海，而是考入芝加哥大学，攻读为期3年的经济学硕士学位。出人意料的是，获得硕士学位后，他还是没有从事商业活动，而是考了公务员。在政府部门工作了5年后，他辞职下海经商。又过了2年，他开办了自己的商贸公司。20年后，他的公司资产从最初的20万美元发展到2亿美元。这位小伙子就是美国知名企业家比尔·拉福。1994年10月，比尔·拉福率团来中国进行商业考察，在北京长城饭店接受《中国青年报》记者采访时，他谈到他的成功应感激他的父亲的指导。他们共同制订了一个重要的生涯规划，最终这个生涯设计方案使他功成名就。

我们来看一下这个成功的简图：工科学习→工学学士→经济学学习→经济学硕士→政府部门工作→锻炼处事能力，建立广泛的人际关系→大公司工作→熟悉商务环境→开公司→事业成功。

第一阶段：工科学习。

【选择】中学时代，比尔·拉福就立志经商。他的父亲是洛克菲勒集团的一名高级职员，他发现儿子有商业天赋，机敏果断，敢于创新，但经历的磨难太少，没有经验，更缺乏必要的知识。于是父子俩进行了一次长谈，并描绘出职业生涯的蓝图。因此升学时他没有像其他人一样直接去读贸易专业，而是选择了工科中最基础最普通的机械制造专业。

【评析】做商贸必须具备一定的专业知识。在商品贸易中，工业品占绝对多数，不了解产品的性能、生产制造情况，就很难保证在贸易中得到收益。工科学习不仅是知识技能的培养，而且能帮助建立一套严谨求实的思维体系。清楚的推理分析能力，脚踏实地的工作态度，正是经商所需要的。

【收获】比尔·拉福在麻省理工学院的4年，除了本专业，还广泛接触了其他课程，如化工、建筑、电子等，这些知识在他后来的商业活动中发挥了举足轻重的作用。

第二阶段：经济学学习。

【选择】大学毕业后，比尔·拉福没有立即进入商海，而是考进芝加哥大学，开始了为期三年的经济学硕士课程。

【评析】在市场经济下，一切经济活动都是通过商业活动来实现的，不了解经济规律，不学习经济学知识，就很难在商场立足。

【收获】比尔·拉福掌握了经济学的基本知识，搞清了影响商业活动的众多因素，还认真学习了有关法律和微观经济活动的管理知识。几年下来，他对会计、财务管理也较为精通，在知识上已完全具备了经商的素质。

第三阶段：政府部门工作。

【选择】比尔·拉福拿到经济学硕士学位后考取了公务员，在政府部门工作了5年。

【评析】经商必须有很强的人际交往能力，要想在商业上获得成功，必须深知处世规则，善于与人交往，建立诚信合作关系。这种开拓人际关系的能力只有在社会工作中才能得到提高。

【收获】在环境的压迫下，比尔·拉福养成了强烈的自我保护意识，由稚嫩的热血青年成长为一名老成、处世不惊的公务员，并结识了各界人士，建立起一套关系网络，为后来的发展提供了大量的信息和便利条件。

第四阶段：通用公司锻炼。

【选择】5年的政府工作结束之后，比尔·拉福完全具备了成功商人所需的各种素

质，于是辞职下海，去了通用公司。

【评析】通过各种学习获得足够的知识，但知识要通过实践的锻炼才能转化为技能。

【收获】在国际著名的通用公司进行锻炼，比尔·拉福不仅为实践所学的理论找到了一个强大平台，而且学习到了丰富的管理经验，完成了原始的资本积累。这也是大学生创业应该借鉴的地方，除了激情还应该考虑到更多的现实。

第五阶段：自创公司。

【选择】大展拳脚两年后，他已熟练掌握了商情与商务技巧，便婉言谢绝了通用公司的高薪挽留，开办了拉福商贸公司，开始了梦寐以求的商人生涯，实现多年前的计划。

【评析】时机成熟后，应果断决策，切忌浪费时间，应抓住契机实现计划。

【收获】比尔·拉福的准备工作，几乎考虑到了每个细节。拉福公司的成长速度出奇的快，20 年后，拉福公司的资产从最初的 20 万美元发展为 2 亿美元，而比尔·拉福本人也成为一个奇迹。

比尔·拉福的生涯设计脉络清晰、步骤合理，充分考虑了个人兴趣、个人素质，并着重职业技能的培养，这种生涯设计在他坚持不懈的努力下，终于变为现实。也许比尔·拉福的这套生涯方案并不完全适合大学生，但是却给我们带来一个重要的启示：人生是可以设计的！只要有信心、有恒心，再加上科学的规划和合理的设计，我们的明天会更美好！

第二节　兴趣认知

一、兴趣的概念

兴趣是指一个人力求认识、掌握某种事物并经常参与该种活动的心理倾向，或者说兴趣是指人积极探索某种事物的认识倾向。当兴趣的对象指向某一职业时，就称为职业兴趣。兴趣是人们获得工作满意度、职业稳定性和职业成就感的重要影响因素，如果我们对自己从事的活动产生兴趣和满足感，就会感到内心愉悦。

二、兴趣与职业发展的关系

美国芝加哥大学心理学教授米哈里奇·克森特米哈伊（Mihaly Csikszentmihalyi）研究发现：当人们在专心致志地、积极地参与从事某种活动、忘记了时空和自己的时候，他们感到最为愉快和满足。他将这种状态称为“FLOW”（流动），即指一种“聚精会神”“忘我”的状态。

大量研究表明，兴趣与工作满意度、职业稳定性和职业成就感之间都存在着明显的关联。因此，职业生涯辅导也普遍将兴趣作为自我探索的一个重要方面，并研制出了多种量表来测量人们的职业兴趣。同时，对于工作世界的划分在很大程度上也是参照对职业兴趣的划分进行的。

职业兴趣与从事的职业相吻合是最理想的情况。一个人如果能根据自己的爱好去选择职业生涯，他的主动性将会得到充分发挥。即使十分疲倦和辛劳，也总是兴致勃勃、心情愉快；即使困难重重，也绝不灰心丧气，想尽各种办法，百折不挠地去克服它，甚至废寝忘食、如醉如痴。

三、兴趣探索活动

请列举出三种你现在或曾经非常感兴趣的职业（排除所有现实的考虑）。这些工作中的哪些特征吸引着你？

“兴趣岛”游戏

1. 测试目的

通过选择岛屿，洞察自己真正的职业兴趣，发现自己所喜欢和不喜欢的职业内容，帮助自己在职业定位时把握好方向。

2. 测试题目

我们先来参观一下6个神奇的职业兴趣岛：

A岛——“美丽浪漫岛”

这个岛上到处是美术馆、音乐厅，弥漫着浓厚的艺术文化气息，岛民们保留着传统的舞蹈、音乐与绘画。许多文艺界人士都喜欢来到这里，沙龙派对，寻求灵感。

C岛——“现代井然岛”

处处耸立着的现代建筑，标志着这是一个进步的、都市形态的岛屿，岛上的户政管理、地政管理及金融管理都十分完善。岛民们个性冷静保守，处事有条不紊，善于组织规划。

E岛——“显赫富庶岛”

该岛经济高度发展，处处有高级饭店、俱乐部、高尔夫球场。岛民性格热情豪爽，善于企业经营和贸易活动。岛上往来者多是企业家、经理人、政治家、律师等。这些商界名流与上等阶层人士在岛上享受着高品质生活。

I岛——“深思冥想岛”

这个岛平畴绿野，人少僻静，适合夜观星象。岛上有很多天文馆、科技博物馆、科学图书馆。岛民们最喜欢猫在自己的小房子里，天天钻研学问，沉思冥想，探究真知。哲学家、科学家和心理学家们在这里约会，讨论学术，交流思想。

R岛——“自然原始岛”

这是个自然生态优良的绿色之岛。岛上不仅保留有热带雨林等原始生态系统，而且建立了相当规模的植物园、动物园、水族馆。岛民以手工制造见长，他们自己种植花果，栽培蔬菜，修缮房屋，打造器物，制作工具。

S岛——“温暖友善岛”

这个岛的岛民们都性情温和，乐于助人，人际十分友善。大家互助合作，重视教育后代。每个社区都能自成一个密切互动的服务网络，处处充满着人文关怀气息。

好，你总共有15秒钟时间回答以下问题。

(1) 如果你必须在6个岛之中的一个岛上生活一辈子，成为这里岛民的一员．你第一会选择哪一个岛?

(2) 你第二会选择哪一个岛?

(3) 你第三会选择哪一个岛?

(4) 你打死都不愿意选择哪一个岛?

选好之后，依次记下4个问题的答案。你会怎样选择?分组讨论，为什么?

3. 兴趣岛类型

R岛：实用型（Realistic）

【共同特点】愿意使用工具从事操作性工作，动手能力强，做事手脚灵活，动作协调。偏好于具体任务，不善言辞，做事保守。缺乏社交能力，通常喜欢独立做事。

【性格特点】感觉迟钝、不讲究、谦逊的，踏实稳重、诚实可靠。

【职业环境】喜欢使用工具、机器，需要基本操作技能的工作。要求具备机械方面才能、体力，或从事与物件、机器、工具、运动器材、植物、动物相关的职业。如：技术性职业（计算机硬件人员、摄影师、制图员、机械装配工），技能性职业（木匠、厨师、技工、修理工）。

【典型人物】鲁班、詹天佑

I岛：研究型（Investigative）

【共同特点】思想家而非实干家，抽象思维能力强，求知欲强，善思考，不愿动手。喜欢独立的和富有创造性的工作。知识渊博，不善于领导他人。考虑问题理性，

做事喜欢精确，喜欢逻辑分析和推理，不断探讨未知的领域。

【性格特点】坚持性强，有韧性，喜欢钻研。为人好奇，独立性强。

【职业环境】喜欢智力的、抽象的、分析的、独立的定向任务，要求具备智力或分析才能，并将其用于观察、估测、衡量、形成理论、最终解决问题的工作。如：科学研究人员、教师、工程师、电脑编程人员、医生、系统分析员。

【典型人物】爱因斯坦、牛顿

A 岛：艺术型（Artistic）

【共同特点】有创造力，乐于创造新颖、与众不同的成果，渴望表现自己的个性，实现自身的价值。做事理想化，追求完美，不切实际。具有一定的艺术才能和个性。善于表达，怀旧，心态较为复杂。

【性格特点】有创造性，非传统的，敏感，容易情绪化，较冲动，不服从指挥。

【职业环境】喜欢的工作要求具备艺术修养、创造力、表达能力和直觉，并将其用于语言、行为、声音、颜色和形式的审美、思索和感受，具备相应的能力。不善于事务性工作。如：艺术、文学工作。但是在平常不是指做从事艺术工作，而是指工作中倾向于将事情做得漂亮、有情调、锦上添花，追求完美。

【典型人物】齐白石、徐悲鸿、梅兰芳

C 岛：事务型（Conventional）

【共同特点】尊重权威和规章制度，喜欢按计划办事，细心、有条理，习惯接受他人的指挥和领导，自己不谋求领导职务。喜欢关注实际和细节情况，通常较为谨慎和保守，缺乏创造性，不喜欢冒险和竞争，富有自我牺牲精神。

【性格特点】有责任心、依赖性强、高效率、稳重踏实、细致、有耐心。

【职业环境】喜欢要求注意细节、精确度、有系统有条理，具有记录、归档、据特定要求或程序组织数据和文字信息的工作。如：秘书、办公室人员、记事员、会计、行政助理、图书馆管理员、出纳员、打字员、投资分析员。

【典型人物】周莹

E 岛：企业型（Enterprise）

【共同特点】追求权力和物质财富，具有领导才能。喜欢竞争、敢冒风险、有野心/抱负。为人务实，习惯以利益得失、权利、地位、金钱等来衡量做事的价值，做事有较强的目的性。

【性格特点】善辩、精力旺盛、独断、乐观、自信、好交际、机敏、有支配愿望。

【职业环境】喜欢要求具备经营、管理、劝服、监督和领导才能，以实现机构、政治/社会及经济目标的工作。如：项目经理、销售，营销管理、政府官员、企业领导、法官、律师。

【典型人物】胡雪岩

S岛：社会型（Social）

【共同特点】喜欢与人交往、不断结交新的朋友、善言谈、愿意教导别人。关心社会问题、渴望发挥自己的社会作用。比较看重社会义务和社会道德。

【性格特点】为人友好、热情、善解人意、乐于助人。

【职业环境】喜欢要求与人打交道的工作，能够不断结交新的朋友，从事提供信息、启迪、帮助、培训、开发或治疗等工作。如：教育工作者（教师、教育行政人员），社会工作者（咨询、公关人员）。

【典型人物】特蕾莎修女、圣雄甘地

对自己兴趣了解的途径很多，最简单的办法就是察觉自己日常生活中自己对哪些事、人投入的精力较多，并从中体验到内心的喜悦。也有很多兴趣测试量表，比如霍兰德职业兴趣测试等。

自20世纪50年代起，霍兰德的研究使职业生涯领域有了最为广泛使用的工具和资料；他编制的兴趣量表“职业自我探索量表”在过去几十年中有数千万人使用。不过，由于霍兰德兴趣测试量表是以美国人为常模人群建立和修改的，其中存在很多不适合中国国情的地方，大家使用时要特别慎重，不要盲目迷信。

（一）兴趣的类型

霍兰德假设人的职业选择是其人格的反映；就职业选择来说，兴趣是人格中最重要的部分，是匹配人与职业的主要依据之一。霍兰德通过多年的研究，提出了一个根据人的六种兴趣——实用型、研究型、艺术型、社会型、企业型、事务型形成的六角模型。霍兰德从人格与环境的交互作用观点出发，将职业环境也划分为相应的六种模式，不同的职业兴趣类型有与之相对应的职业环境。

（1）大多数人都可以被归类为六种人格类型中的一种（表2-5），即实用型、研究型、艺术型、社会型、企业型、事务型。

表2-5　六种人格类型

类型	特点	行为表现	可能的局限
实用型的人	这一类人顺从、坦率、谦虚、自然、坚毅、实际、有理、害羞、稳健、节俭等	喜爱实际操作性质的职业或情境；以具体实用的能力解决工作及其他方面的问题；拥有机械和操作的能力；重视具体事物明确的特性	较缺乏人际关系方面的能力

续表

类型	特点	行为表现	可能的局限
研究型的人	这一类人分析、谨慎、判断、好奇、独立、内向、精确、理性、保守、好学、有自信等	喜爱研究性质的职业或情境；以研究方面的能力解决工作及其他方面的问题；拥有科学和数学方面的能力；重视科学价值	较缺乏领导才能
艺术型的人	这一类人复杂、冲动、独立、直觉、创意、理想化、情绪化、感情丰富、不重秩序、不服权威、不重实际等	喜爱艺术的职业或情境；以艺术方面的能力解决工作及其他方面的问题；有表达能力、创造能力、拥有艺术、音乐、表演、写作等方面的能力；重视审美价值与美感经验	脱离实际，不服从规则约束和制度管理
社会型的人	这一类人合作、友善、慷慨、助人、仁慈、负责、善沟通、善解人意、富有洞察力、理想主义等	喜爱社会性质的职业或情境；以社交方面的能力解决工作及其他方面的问题；具有帮助别人、了解别人、教导别人的能力；重视社会规范与伦理价值	过于敏感，做事过于注重情义；较缺乏机械与科学能力
企业型的人	这一类人冒险、野心、有抱负、乐观、自信、冲动、追求享乐、精力充沛、善于社交和说服他人等	喜欢企业性质的职业或情境，以企业方面的能力解决工作或其他方面的问题；具有语言沟通、说服、社交、管理、组织、领导方面的能力；重视政治与经济上的成就	独断，缺乏耐心；较缺乏科学能力
事务型的人	这一类人顺从、保守、自抑、谦逊、坚毅、实际、稳重、重秩序、有效率等	喜欢传统性质的职业或情境；以传统方面的能力解决工作或其他方面的问题；具有文书作业和数字计算方面的能力；重视商务及经济价值	较保守，对制度与规则的依赖性较强，容易缺乏创造性

(2) 同样在社会环境中，也存在六种类型的职业（表 2-6）：实用型、研究型、艺术型、社会型、企业型、事务型。这六种类型按照一个固定的顺序排成一个六角形，两个类型之间的职业是过渡型的职业。

表 2-6　六种职业类型的社会环境

类型	特点	典型工作场所
实用型环境	需要工作者会出体力，工作多与工具、机械打交道，工作者需要具备一定的技术操作能力，与事物工作的能力强于与人群工作的能力，如修理机械、电化工具、驾驶车辆等	建筑工地、工厂、汽车修理厂等
研究型环境	可让工作者发挥科学或数理方面的兴趣、能力，以寻求问题的解决。此工作环境鼓励工作者运用复杂和抽象的思维，创造性地解决问题。工作者也需具备谨慎缜密和批判性思维、逻辑思维能力，并需运用智慧独立工作	医院、实验室、网络公司等
艺术型环境	相对自由、开放，鼓励创造性与个性的表达，鼓励以非传统的方式来表现自己。此环境使工作者能自由创作其作品或寻找答案，在此环境中允许工作者随心所欲地穿着打扮	设计室、美术室、广告公司等
社会型环境	鼓励人们具有弹性，且彼此了解，帮助他人解决其个人难题，教导他人，对他人表现精神上的关爱，且愿意承担社会责任。此环境强调理想、友善和慷慨等人类基本价值，多半存在于教育、社会服务和心理健康等专业领域中	培训机构、教育机构、社会服务中心等
企业型环境	促使工作者能管理或说服他人，以达成组织或个人的目标。在此环境中，财物或经济上的论题很重要，有时需承担必要的风险，工作性质常与说服或销售有关，并且需提供升迁机会，以获取更多权力、地位和财富	律所、事业单位等
事物型环境	充满了组织和计划，有条不紊的办公室中罗列了记录、档案、文件和报告，这些文件资料涵盖了文字与数字的材料。有文书处理机、计算机和复印传真机等，要求工作者的文书技巧、组织能力及听取并遵从指示的能力	档案中心、数据中心等

(3) 人们都在寻找一种环境，能够运用他们的技能和能力、表达他们的态度和价值观、处理适当的问题和承担一定的角色（表 2-7）。

表 2-7　职业选择与类型匹配

类型匹配	职业选择
实用型人格与实用型环境相适配	制造、渔业、野生动物管理、技术贸易、机械、农业、技术、林业、特种工程师和军事工作等
研究型人格与研究型环境相适配	实验室工作人员、生物学家、化学家、社会学家、工程设计师、物理学家、程序设计员等
艺术型人格与艺术型环境相适配	作家、艺术家、音乐家、诗人、漫画家、演员、戏剧导演、作曲家、乐队指挥和室内装潢人员等
社会型人格与社会型环境相适配	教学、社会工作、社会福利、宗教、心理咨询和娱乐等
管理型人格与管理型环境相适配	商业管理、律师、政治运动领袖、推销商、市场经理或销售经理，体育运动策划者、采购员、投资商、电视制片人、保险代理等
事物型人格与事物型环境相适配	会计、银行出纳、图书管理员、簿记员、秘书、档案文书、税务专家和计算机操作员等

（4）个人的行为取决于其人格特点与环境特点的交互作用。霍兰德认为，一种环境可以是一种职业、一种工作、一种休闲活动、一个教育项目或一个学习领域、一个学院或一个公司的文化氛围。环境可以看成是被某种特定的人格类型所主导的，也就是说，实用型的环境是被实用型的人所主导的，或者说实用型环境中的人大部分是实用型人格的人。

个人职业兴趣与职业环境特点一致，将给我们带来工作满意度、职业稳定性和职业成就感。反之，会导致无法决策、不满意的决策和缺乏成就感，即迷茫、困惑、痛苦、缺乏兴趣、对现状不满意、对未来失去希望等，严重影响个人的工作和生活质量。

（二）兴趣转化成职业兴趣

一个人对某些人或物有兴趣，不一定要从事相应的职业，也可能仅仅把兴趣当作业余爱好。国外很多参加运动会的运动员就是业余的，他们可能成为奥运会冠军，做得相当出色，但体育只是他的业余爱好，他们都有自己的本职工作，做得也相当出色。所以，兴趣不一定是职业兴趣，必须区分清楚。

（1）有的人兴趣广泛，在职业选择时感到困惑，其实大可不必。工作原本也是生活的一部分，自己的兴趣广泛，生活丰富，生命的质量必然较高，兴趣也不一定转化成职业兴趣。一个人如果能根据自己的爱好去选择生涯，他的主动性将会得到充分发挥。

（2）现实中很多人都面临着是沿着专业方向走下去，还是从自己的兴趣出发这个问题。理想和现实的矛盾经常使很多学生难以做出抉择，不过可以通过多种方式解决这种矛盾。

①尽量把专业和爱好结合起来。例如，你学的是经济学，相对而言，寻找工作的领域比较宽泛，你可以进入文化产业从事和专业有关的工作，然后再确定未来的事业方向。

②把文化、艺术类的爱好作为自己生活的另一部分。你也知道很多的成功人士有着艺术方面的特长，这不仅有助于身心的愉悦，也促进了他们事业的发展，所以你也可以把职业和业余爱好分开，让两者都成为你生活中的支点。

③可以改行。你要评估业余爱好和能力之间的差距，如果你认为自己真的很喜欢，也能够把职业和爱好联系起来，那么你就可以改行。

（3）先职业，后爱好。可以把人生的需求分几个阶段进行考虑，不要强求在大学刚毕业就一步到位。每个人的现实情况都不一样，寻找工作的难易程度也不同，如果以上方法难以实施，你可以先找工作，培养自己的各种能力，具备了较强的实力之后，再转换职业领域，和自己的爱好靠近。兴趣一旦要转化为职业兴趣，就要考虑它的持久性以及其他一些职业必备的素质能力、职业选择的其他条件。

（三）兴趣的发展过程

兴趣的发生和发展一般要经历这样一个过程：有趣—乐趣—志趣。

（1）有趣是兴趣过程的第一个阶段，也是兴趣发展的低级阶段，它往往短暂易逝，非常不稳定。处于这一阶段的兴趣经常与你对某一事物的新奇感相联系，随着这种新奇感的消失，兴趣也会自然地逝去。

（2）乐趣是兴趣过程的第二个阶段，它是在有趣定向发展的基础上形成的，是兴趣发展的中级阶段。在这一阶段中，学生的兴趣变得专一、深入起来，如喜爱文学的学生很可能会成天沉溺于文学作品中。

（3）志趣是兴趣发展过程的第三个阶段，当乐趣同你的社会责任感、理想、奋斗目标结合起来时，乐趣便变成了志趣。志趣是你取得成就的根本动力，是成功的重要保证。

兴趣是在一定需要基础上，在社会实践中形成的，兴趣实际上是你需要的延伸。关于需要的理论，心理学家也有许多论述，其中较为著名的是美国心理学家马斯洛的需要层次论，他把人的需要分成生理需要、安全需要、社会需要、尊重需要和自我实现需要五个层次，并广泛地流传开来。

（四）选择职业兴趣的误区

寻找职业兴趣是进行成功的职业生涯规划的重要依据之一。大学生在寻找职业兴

趣过程中要注意澄清以下几个观念。

(1) 单纯的喜欢≠职业兴趣。有人喜欢“游戏”，就认为自己的职业兴趣是计算机；有人喜欢读小说，就认为自己的职业兴趣是当作家。当真的就读这一专业时，才发现大错特错，于是闹“专业情绪”。其问题在于职业兴趣是与将来的工作性质相关的，计算机有与数学密切相关的计算机科学专业，有与软件编程相关的计算机软件专业，有与工科相关的自动化专业，也有与管理相关的计算机管理等，没有弄清这一行业的工作分类和工作特点，不了解专业的课程设置，就谈不上了解自己的职业兴趣。

(2) 兴趣≠学习工作及生活的轻松。做有兴趣的工作是快乐的，但这样的工作并不一定是轻松的。不管从事哪种工作，要取得成就，就要付出辛劳。选有兴趣的专业、做有兴趣的工作可能要付出经济和社会地位的代价，它们可能不是热门专业、可能挣钱不多，经济生活条件可能不是很好，也可能不为大多数人所认可（当然前提条件是不违法）。

(3) 非兴趣专业不学、非兴趣工作不做。一辈子做自己完全感兴趣又有成就感、又有经济和社会地位的工作，是人们的一种理想追求，但现实与理想总会有差距。据一项调查，在大学生中有64%的学生在学不喜欢的专业，在职场上，有一半的人在从事不感兴趣的工作，每个人一生可能为了生计、为了地位等因素要做不感兴趣的工作。这就是现实与理想的结合，要在现实中去追求自己的理想，那就要先立足于现实，能将不喜欢的专业学好、能将不喜欢的工作做好，在此过程中培养新兴趣、积累能量、寻找机会。时机成熟之时，就是理想实现之时。

第三节　能力认知

一、能力的概念

能力是一个人顺利完成某种活动所必须具备的稳定的个性心理特征。它总是和某种活动相联系并直接影响人的活动效率，并在具体活动中表现出来。能力与大脑的机能有关，它主要侧重于实践活动中的表现。

二、能力的分类

1. 能力倾向/天赋

它是一种个性心理特征，它具有经常的稳定的特点，它是影响活动效果的基本因素。能力的高低会影响一个人掌握活动的快慢、难易和巩固程度。能力有一般能力和特殊能力之分，一般能力指符合许多基本活动要求的能力，如学习能力、记忆能力、观察力等；特殊能力指符合某种专业活动要求的能力，不同的职业更多的是要求具备一些特殊能力。能力倾向/天赋一般可以概括为以下几种。

(1) 言语能力：指对词及其含义的理解和使用能力，对词、句子、段落、篇章的理解能力，以及善于清楚正确地表达自己的观念和向别人介绍信息的能力。

(2) 数量能力：指迅速而正确地运算，以及在准确的同时能推理、解决应用问题的能力。

(3) 空间判断能力：指对立体图形及平面图形与立体图形之间关系的理解能力，包括能看懂几何图形，对立体图形的三个面的理解能力，能识别物体在空间运动中的联系，能解决几何问题。

(4) 察觉细节能力：指对物体或图形的有关细节具有正确的知觉能力，对于图形的明暗、线的宽度和长度能做出区别和比较，看出其细微的差异。

(5) 书写能力：对词、印刷物、账目、表格等材料的细微部分具有正确知觉的能力，善于发现错字和正确地校对数字的能力。

(6) 运动协调能力：指眼、手、脚、身体迅速准确地随活动的动作做出精确的动作和运动反应，手能跟随所看到的东西迅速行动，进行正确控制的能力。

(7) 动手能力：指手、手指、手腕能迅速而准确地活动和操作小的物体，在拿取、放置、换、翻转物体时，手能做出精巧运动和腕的自由运动的能力。

(8) 社会交往能力：指善于人与人之间的相互交往，相互联系，相互帮助，相互影响，从而协同工作或建立良好的人际关系的能力。

(9) 组织管理能力：指擅长组织和安排各种活动，以及协调参加活动的人际关系的能力。

2. 技能

它是在能力和知识的基础上，通过反复的练习而形成的相对稳定的行动方式，我们称为技能，不同的职业也会有不同的职业技能要求。一般来讲，技能分为专业知识技能、自我管理技能、可迁移技能。

(1) 专业知识技能：指那些需要通过学习才能获得的特别的知识或能力，这些技能涉及你学习的专业和课程，它们是你所懂得的东西。专业知识技能不能够迁移，需要经过有意识的、专门的学习才能掌握。

(2) 自我管理技能：这种技能经常被看作是个性品质，而不是技能，因为它们被用来描述或说明人具有的某些特征。这些技能可以从非工作领域迁移转换到工作领域。它们有助于你推销自己和自己的才能，是成功所需要的品质。

(3) 可迁移技能：也被称为通用技能，是职业生涯中除岗位专业能力之外的基本

能力，它适用于各种职业，能适应岗位不断变换，是伴随人终身的可持续发展能力。在职业规划中，可迁移技能是需要被最先和最详细叙述的，它是最能持续运用和最能够依靠的技能。专业知识技能的运用都是在可迁移技能基础之上。一般用行为动词来描述，是通用的，可迁移的；通常描述人际交往能力、沟通能力、问题解决能力、团队合作能力、领导力、适应能力。

（4）可迁移技能培养。认知心理学认为：知识越是普遍和通用，就越基础，在任何工作领域里都有很大的作用。但也因为它基础，反而被疏忽了。可迁移技能就是如此，因为普遍、基础，在整个大学教育阶段，并没有引起足够的重视。

大学里的专业技能的培训由专业课老师来完成，但是一些可迁移技能的培养在学校一般并没有专门的课程涉及，如与人沟通的能力、团队合作的能力、运用信息科学的能力、主动学习的能力等；这些能力是做任何工作都很需要的。

我们在大学期间，需要有意识地去锻炼提高自己在这方面的能力，这对自己未来的职业发展会有很好的帮助。可以说，职业生涯规划教育就是提高学生可迁移技能的重要阵地，我们应意识到它的重要性，并且采取一定的方法和方式锻炼和培养可迁移技能。比如利用课堂机会培养和锻炼学生的人际交往、团队合作的技能等。也可以利用团体辅导的形式，设计不同的专题小组如人际沟通成长小组、团队合作训练小组培养和增强可迁移技能。

3. 自我效能感

个人对自己的能力及运用该能力将得到何种结果所持的信心或把握程度。它是预测个人行为的重要指标。

三、能力与兴趣的区别

兴趣和能力常有相同的类型和名称，它们之间的联系确实也很密切。我们有兴趣的事物，经常比较容易培养出相应的能力。但是能力和兴趣不能画上等号，它们之间可能存在冲突。区分兴趣和能力，在生涯规划中非常重要，它往往意味着你对自己的认识从“理想”走入了“现实”。兴趣说明的是我们喜欢做什么，而能力则说明的是我能够擅长做什么。喜欢做什么和擅长做什么不一定重合。比如，晓东喜欢足球，但从小身体羸弱，不能亲自上场踢比赛，只好享受足球比赛来满足自己的爱好；小将能写一手好字，但并不喜欢帮人写宣传广告，碰到这样的事总是能躲就躲。

四、能力与职业发展的关系

1. 能力是胜任某种职业岗位的必要条件

求职者在进行择业时，首先要明确自己的能力优势及胜任某种工作的可能性。其次在条件允许的情况下，通过各种手段来确定自己的职业能力和发展的可能性基础上进行职业选择。

2. 职业的实践和教育培训是能力发展的前提

职业的实践促进职业能力的发展；教育培训促进职业能力的提高。

3. 能力是人的发展和创造的基础

能力是成功地完成某种任务或胜任工作的必不可少的基本因素，没有能力或能力低下，就难以达到工作岗位的要求，不能胜任。个体的能力越强，各种能力越是综合发展，就越能促进人在职业活动中的创造和发展，就越能取得较好的工作绩效和业绩，越能给人带来职业成就感。

五、能力探索活动

（1）可衡量的业绩。

（2）其他人（老师、领导或雇主、同事、同学）的反馈（认可、称赞）。

（3）通过 P. A. R.（问题—行动—解决）法来发现自己的成就。

（4）对照技能词汇表。

（5）使用技能问卷或技能分类卡。

（6）“撰写成就故事”。写下生活中令你有成就感的具体事件然后对其进行分析，看看你在其中使用了哪些技能（尤其是可迁移技能）。

①只要符合以下两条标准，就可以被视为“成就”。你喜欢做这件事时体验到的感受；你为完成它所带来的结果感到自豪。

②在撰写成就故事时，每一个故事都应当包含以下要素。你想达到的目标：即需要完成的事情；面临的障碍、限制、困难；你的具体行动步骤，你是如何一步步克服障碍、达成目标的。对结果的描述：你取得了什么成就。对结果的量化评估：可以证明你成就的任何衡量方法或数量。

第四节　价值观认知

大学生在选择职业时都会受一定动机的支配，而择业的动机一般都是由职业价值观决定的。俗话说“人各有志”，这个“志”表现在职业选择上就是职业价值观。

美国心理学家唐纳德·舒伯（Donald Super）、马丁·凯茨（Martin Katz）等从 20

世纪50年代开始研究职业价值观，结果发现：职业价值观是影响生涯决策的主要因素之一，并且价值观与随后的工作满意度有关，当人们循着自己的价值观生活时，会有最大程度的幸福感和高自尊。

一、职业价值观的概念

职业价值观是人们依据自身和社会的需要对待职业、职业行为和工作结果的稳定而具有概括性和动力作用的一套信念系统，是和人们的个性心理倾向性、自身经验、经历、家庭背景、人们对职业的认知结构等发生联系的价值取向过程，是影响职业选择的重要因素之一。它既表现在人们的择业观上，也表现在人们在具体工作中的工作态度上。研究发现，约有93%的人不清楚自己的价值观是什么，他们不知道自己忙来忙去究竟要到哪里去，如同水面上的浮萍一样，糊里糊涂地过了一生。

进行科学合理的职业价值观教育，引导大学生树立正确的职业价值观，帮助大学生认清未来工作的发展方向是解决大学生择业困惑的前提。

二、职业价值观的类型

美国心理学家洛克奇（Milton Rokeach）在《人类价值观的本质》（*The Nature of Human Values*）（1973年）中提出了13种价值观。

（1）成就感：提升社会地位，得到社会认同；希望工作能受到他人的认可，对工作的完成和挑战成功感到满足。

（2）美感的追求：能有机会多方面地欣赏周围的人、事、物，或自己觉得重要的且有意义的事物。

（3）挑战：能有机会运用聪明才智来解决困难；舍弃传统的方法，而选择创新的方法处理事务。

（4）健康：包括身体和心理健康：工作能够免于焦虑、紧张和恐惧；希望能够心平气和地处理事务。

（5）收入与财富：工作能够明显、有效地改变自己的财务状况；希望能够得到金钱所能买到的东西。

（6）独立性：在工作中能有弹性，可以充分掌握自己的时间和行动，自由度高。

（7）爱、家庭、人际关系：关心他人，与别人分享，协助别人解决问题；体贴、关爱他人，对周围的人慷慨。

（8）道德感：与组织的目标、价值观、宗教观和工作使命能够不相冲突，紧密结合。

（9）欢乐：享受生命，结交新朋友，与别人共处，一同享受美好时光。

(10) 权力：能够影响或控制他人，使他人按照自己的意思去行动。

(11) 安全感：能够满足基本的需求，有安全感，远离突如其来的变动。

(12) 自我成长：能够追求知识上的刺激，寻求更美好的人生，在智慧、知识与人生的体会上有所提升。

(13) 协助他人：体会到自己的付出对团体是有帮助的，别人因为你的行为而受惠颇多。

三、职业价值观与职业

大学生的理想、信念、世界观对职业的影响，集中体现在职业价值观上，它对大学生的职业目标和择业动机起着指导和决定性的作用。

职业专家通过大量调查，从人们的理想、信念和世界观角度把职业分为九大类，见表 2-8。

表 2-8　职业价值观的特点与适应的职业

职业价值观	特点	相应职业类型
自由型（非工资生活者型）	不受别人指使，凭自己的能力拥有自己的小“城堡”，不愿受人干涉，想充分施展本领	室内装饰专家、图书管理员、摄影师、音乐教师、作家、演员、记者、诗人、作曲家、编剧、雕刻家、漫画家、自由职业者、SOHO一族等艺术性职业
小康型	爱慕虚荣，优越感也很强。很渴望能有社会地位和名誉，希望经常受到众人尊敬。欲望得不到满足时，由于过分强烈的自我意识，有时反而很自卑	记账员、会计、银行出纳、法庭速记员、成本估算员、税务员、核算员、打字员、办公室职员、计算机操作员、统计员、秘书等
支配型（权力型）	想当上组织的一把手，飞扬跋扈，无视他人的想法，为所欲为，且视此为无比快乐	推销员、进货员、商品批发员、旅馆经理、饭店经理、广告宣传员、调度员、律师、政治家、零售商等
自我实现型	不关心平常的幸福，一心一意想发挥个性，追求真理。不考虑收入、地位及他人对自己的看法，尽力挖掘自己的潜力，施展自己的本领，且视此为有意义的生活	气象学家、生物学家、天文学家、药剂师、动物学家、化学家、科学报刊编辑，地质学家、植物学家、物理学家、数学家、实验员、科研人员、科技工作者等
志愿型	富于同情心，把他人的痛苦视为自己的痛苦，不愿干表面上哗众取宠的事，把默默地帮助不幸的人视为无比快乐	社会学家、福利机构工作者、导游、咨询人员、社会工作者、社会科学教师、护士等

续表

职业价值观	特点	相应职业类型
技术型	认为立足社会的根本在于一技之长。因此钻研一门技术，认为靠本事吃饭既可靠，又稳当	木匠、农民、工程师、飞机机械师、自动化技师、野生动物专家、机械工、电工、司机、机械制图等
经济型（经理型）	断然认为世界上的各种关系都建立在金钱的基础上，包括人与人之间的关系，甚至父母与子女之间的爱也带有金钱的烙印。这种类型的人确信，金钱可以买到世界上所有的幸福	各种职业中都有这种类型的人，商人为甚
合作型	人际关系较好，认为朋友是最大的财富	公关人员、推销人员、秘书等
享受型	喜欢安逸的生活，不愿从事任何挑战性的工作	无固定职业类型

四、职业价值观的澄清方法

大学生澄清职业价值观，不仅是要找到某一条对自己的价值观，而且更要区分自己价值观重要性的排列顺序。

如果不能清楚地说出自己最想要的是什么，请尝试以下这两个办法。

方法1：拿一张A4纸，写下所有想要的东西。

健康、金钱、幸福的家庭、爱情、事业、自由自在、旅行、安定……

写完之后，划去你认为最不重要的一项，再在剩下的项目中划去一个最不重要的，一直划下去，直到只剩下一项，它就是你最重视的东西。

方法2：职业价值观拍卖会。

在下面的表格中，一共列出了15个工作价值项目，假设你有500个生命单位（即在一生当中可以投入工作中的时间与精力的总和），请将你愿意出价的单位写在所竞拍的工作价值项目后面的“出价单位”方格内，见表2-9。出价时请注意以下原则。

（1）不必对每个项目都出价（若你觉得该项目不重要，可以不出价）。

（2）每一项目的出价单位不得低于10单位。

（3）出价总数不得超过500单位。

表 2-9 工作价值出价表

工作价值项目	出价单位	出价顺序
1. 我的工作能增进他人福利		
2. 通过我的工作能使这个世界变得更美好，更有艺术气氛		
3. 我想从事发明新事物、设计新产品、倡导新观念的工作		
4. 在工作中我可以独立思考、学习与分析整理		
5. 我能够用自己的方式来做事，不太受外界的牵制		
6. 我能全力以赴地把工作做好，并看到具体成果		
7. 我能受到别人的推崇与尊重		
8. 我欲从事策划并能管理别人的工作		
9. 我想从事高收入的工作，这样我就能买自己想要的东西		
10. 我想要一份稳定的工作		
11. 我想要良好舒适的工作环境		
12. 我希望能同上司和谐相处		
13. 我希望能与志同道合的同事一起愉快的工作		
14. 我想多尝试不同的工作		
15. 我想选择自己喜欢的生活方式，并能实现自己的理想		

请找出 5 个出价单位最多的项目，并将它们的大小顺序写在“出价顺序”栏内。

人不能离开社会而独立存在，个人只有在工作中为社会做贡献才能实现自己的职业价值，事业首先是具有社会性的。当代大学生作为富有创造性的独特群体，憧憬具有挑战性、符合个性发展的工作。但是在选择职业时，不能只看重职业本身的价值，还应看到职业对社会的创造和贡献，必须看到自己对于社会的责任，并主动承担这种责任，这样的职业价值观才是高尚的。在高尚的职业价值观驱动下，就容易克服困难，取得成功，为社会做出杰出贡献。

拓展阅读

橱窗分析法（Window analysis）

所谓橱窗分析法，是一种借助直角坐标不同象限来表示人的不同部分的分析方法。它以别人知道或不知道为横坐标，以自己知道或不知道为纵坐标（图 2-1），橱窗分析法也是进行自我认知的一种常用方法。

1. 坐标橱窗

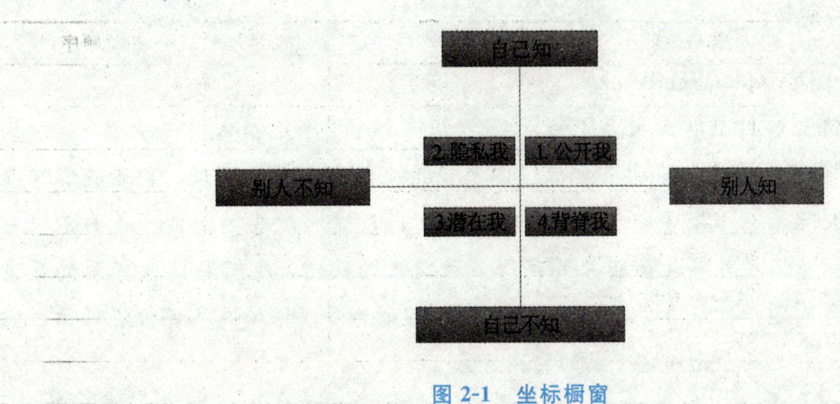

图 2-1 坐标橱窗

橱窗 1：为自己知道，别人知道的部分，称为“公开我”，属于个人展现在外，无所隐藏的部分。

橱窗 2：为自己知道，别人不知道的部分，称为“隐私我”，属于个人内在的私有秘密部分。

橱窗 3：为自己不知道，别人也不知道的部分，称为“潜在我”，是有待开发的部分。

橱窗 4：为自己不知道，别人知道的部分，称为“背脊我”，犹如一个人的背部，自己看不到，别人却看得很清楚。

通过四个橱窗可知，须加强了解的是橱窗 3 和橱窗 4。橱窗 3 是“潜在我”。橱窗 4 是“背脊我”。

如果自己诚恳地真心实意地征询他人的意见和看法，就不难了解“背脊我”。我们可以采取同自己的家人、朋友、同事等交流的方式，可以借助录音、录像设备，尽量开诚布公。要做到这一点，需要开阔的胸怀，确实能够正确对待，有则改之，无则加勉，否则，别人是不会说实话的。对于橱窗 3，我们可以采取撰写自传或 24 小时日记的方式来了解自我。撰写自传，可以了解我们自身成长的大致经历和自我计划情况等，而 24 小时日记对我们一个工作日和一个非工作日经历的对比，也可以了解一些侧面的信息。职场新人需要对此予以重视，尽管我们还年轻，不需要什么自传，但是这是了解自我的一种比较不错的途径。

2. 实际意义

科学家研究发现，每个人都有巨大的潜能，人类平常只发挥了极小的部分的大脑功能。如果一个人能发挥一半的大脑功能，将轻易地学会 40 种语言，背整套百科全书，拿十二个博士学位。著名心理学家赫伯特·奥托（Herbert A. Otto）指出，一个人一生所发挥出来的能力，只占他全部能力的 4%，也就是说一个人 96%的能力还未开发。赫赫有名的控制论奠基人诺伯特·维纳说：“可以完全有把握的说，每个人即使

他是做出了辉煌成就的人，在他的一生中利用他自己的大脑潜能还不到百亿分之一。”由此可见，认识、了解“潜在我”，是自我认识的重点之一。

3. 360°评估反馈（360°Feedback）

360°评估反馈又称“360°考核法”或“全方位考核法”，是指由员工自己、上司、直接部属、同仁同事甚至顾客等从全方位、各个角度来评估人员的方法。评估内容可能包括沟通技巧、人际关系、领导能力、行政能力等，通过这种理想的评估，我们不仅可以从自己、上司、部属、同事甚至顾客处获得多种角度的反馈，也可从这些不同的反馈清楚地知道自己的不足、长处与发展需求。360°评估可称为多源评估或多评价者评估，它不同于自上而下，由上级主管评定下属的传统方式。

对于准备求职的大学生，可以借鉴360°评估反馈，通过周边老师、同学、朋友、家人等对本人的性格、兴趣、能力、价值观等全方位、多角度评估，加强自我认知（图2-2）。

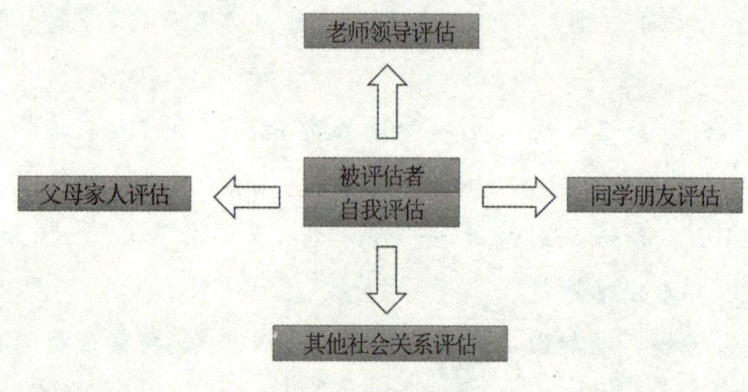

图 2-2　360°评估反馈

思考与练习

按以下提示完成职业生涯规划设计中的“自我认知”写作。

（1）利用橱窗分析法分析“公开的我”“隐藏的我”“潜在的我”“背脊的我”。

（2）采用360°评估法征求老师、领导、父母家人、同学朋友及其他社会关系对你的评价并记录下来。

第三章　带你去看世界

——工作世界探索

案例解读

杜飞是应用物理系三年级的学生，最近因为考研还是本科毕业就找工作的问题和父母有了意见分歧。父母认为，现在的社会看重高学历，有些专科生能做的工作要本科生来做，有些本科生能做的工作要研究生来做，本科毕业生已经不是“香饽饽”，必须获得更高的学历，才能有好发展。杜飞虽然觉得父母说得有些道理，但自己实在不愿意再读书了，一想起考研要复习和准备的内容就头疼，难道现在的用人单位真的对学历要求越来越高？

吴霞到校就业指导中心寻求帮助，她读的是法律专业，比较喜欢自己的专业，但是不知道毕业后除了做律师、公检法公务员或法律咨询顾问，还有什么工作可选择。即使是这些相关职业的具体情况如何，需要什么技能她也不是很清楚，希望老师能够告诉她。

上大三的刘刚面对未来很迷茫，对所学的管理科学专业没太多感觉。别人都说这个专业一方面是“万金油”，另一方面没什么竞争优势，所以他想利用业余时间再学习一些其他专业的知识或技能。但究竟社会上都有哪些工作岗位，这些工作岗位的用人要求是什么，刘刚一点也不知道，况且他自己喜欢哪种工作也说不上来。这让刘刚怎么准备呢？

晓静在跨出大学校门之前对自己的未来已经有比较清晰的想法：做一个办公室白领，优雅、干练，办公环境整洁、漂亮。她毕业后如愿以偿地进入一家企业做办公室职员，但是工作不久，她的幸福感就被繁复、琐碎的日常事务淹没了。晓静没想到做一个办公室白领如此没有成就感。

在学校读了十几年的书，突然要面对社会、面对工作，这份陌生感对大学生而言，是正常的。对工作世界的不了解，通常表现出两种极端状态：一无所知和想当然。这两种状态经常令大学生在进行职业规划或求职时产生困惑，在生涯规划中难以决策，陷入被动，就像学生常说的那样：稀里糊涂地就把自己卖了。所以学习对工作世界的探索和了解可以帮助大学生更为主动地把握个人生涯的发展。

第一节　了解工作世界信息的作用

一、促进正确的生涯决策

【练习 1：画出你眼中的工作世界】

请学生用彩笔在白纸上画出自己眼中的工作世界。注意这里不强调画的美术水平，只要能表达自己对工作世界的想法就好。

在不同学生的画中，我们会发现很大的差别。很多学生的画表达了工作世界中的人山人海和激烈的竞争，颜色也比较晦暗；但也有学生的画中有人有山，有绚烂的彩虹，说明工作世界中有令人茫然失措的一面，但也有让人充满希望的一面。学生的画之所以有这么大的差别，和是否能全面地了解工作世界有很大关系。

只了解和看到负面信息的学生经常会陷入悲观，比如自己不一定适合做研究或并不喜欢再继续读书，但因为对找工作陷入绝望，怀着“反正也找不到好工作，那就不找工作了，直接考研吧”的想法，就作出错误的生涯决策。但是如果学生能够清晰、全面地了解工作世界，知道尽管毕业生众多，竞争激烈，只要自己仔细了解企业用人要求及工作发展的普遍路径和规律等，就能够结合自己的特点在社会中找到属于自己的工作，从而作出合理的生涯决策，而不是盲目跟风追逐所谓“好工作”，最后却迷失在求职大军中。

二、进一步认识和了解自己

在探索工作世界的过程中，学生经常会陷入两难的境地。比如，留在大城市找一份不稳定、目前也不很理想的工作，但是未来的学习、发展机会可能很多；回到家乡小城镇有个待遇不错的、稳定的工作，但是自己将来的发展前景非常有限，缺乏挑战性。世间的事没有完美的，外部条件总给我们设立这样或那样的限制，看上去似乎很难，也会有些沮丧，但是深入地思考，就会发现我们正是在这种两难的选择当中，越来越知道什么是对自己真正重要的，也越来越了解自己是谁，从而调整自己的行动，走出属于自己的生涯道路。

三、培养和提升大学生的能力

很多大学生寄希望于学校、职业辅导老师或其他专业的职业辅导工作人员能够告

诉他们工作世界是什么样的，但结果经常令人失望，因为每个人（包括专业的职业辅导人士）由于个人知识、经验的局限不可能完全掌握所有工作世界的信息，所以工作世界的探索更多地需要大学生自己来完成。在这个探索的过程中，大学生可以培养和提升自己的很多能力，比如自我管理能力中的为自己负责任，可迁移技能中的沟通、搜集、观察等能力。

四、预测未来发展

工作世界信息可以帮助学生预测未来可能发生的情况，以便预先做出准备，但也要知道预测的风险所在，并为此做好心理准备。

第二节 工作世界信息包括的内容

一、有关工作世界的一些基本事实

【练习 2：猜猜看——拓展职业范围的思考】

请同学们用头脑风暴法列举出与手机相关的尽可能多的职业，并将所有联想到的职业都记录下来。

讨论：从这个活动中得到什么启发？

通过这个活动，学生可以了解到一件物品的制造涉及许多的人和职业，比如从管理到制造，从研发到市场。这说明有很多专业和技能是可以变通的。因此，同一个专业可以从事多种职业，比如机械设计专业毕业的学生，可以从事助理、售前工程师等与人打交道的工作，也可以做研发等与概念相关的工作。因此，大学生在探索工作世界时，应了解和自己专业相关的职业有哪些，学习专业知识的目的是帮助人更好地发展自己，而不是限制人的发展。当我们用更广阔的思路来看工作世界时，会更容易理解下面的一些基本事实：

目前工作世界中有超过 20 000 种的职业，对于大多数人来说，都有数种职业适合他们。

没有哪一种工作能够完全满足你所有的需要。所有工作都有其局限性和令人失望之处。你需要通过其他活动来平衡你的生活，才有可能感觉到完满。

工作市场和经济形势都时常发生变化，甚至是急剧的变化。有的行业在目前可能

充满了机会，但却会在数年内饱和。

所以，每个学生都有可能找到属于自己的那份工作，只是需要做好心理准备：这是一个过程，对不同的人，过程也会有长短；变化是其中必然要面对的，一个决定可能不会持续一生，也经常伴随着风险，因此需要个人不断调整和变化才能保持满意度。面对工作世界，你需要学会如何应对工作的变动，而不是一味地去回避它。

二、宏观工作世界现状

宏观工作世界的现状包括劳动力供求关系、各地区各行业的需求分布、职业生涯的理念等内容。工作世界信息的实时性很强，因此你在应用此段信息时应当注意其时效性。

1. 供求状况

近年来，我国就业形势总体向好，城镇单位新增就业每年以千万规模保持增长，就业规模不断扩大。以 2013 年至 2019 年为例，城镇新增就业人数连续几年保持 1300 万人以上。从总量看，我国的部分群体还存在就业压力，但就业总量已经不是劳动力市场的主要矛盾，就业的结构性风险大于总量风险。当前，劳动力供不应求成为常态，表现为：一是适龄劳动人口不断下降，劳动力供给规模进一步减少；二是劳动力需求持续增长，市场监测求人倍率长期保持在 1 以上；三是中等、高等教育扩张延缓推迟了适龄劳动人口进入就业市场，青年劳动参与率有所降低。

基于趋势判断和已有的劳动力供给数据，通过相关模型预测未来十年我国劳动力供给总量。预测结果表明，2020 年至 2030 年，我国适龄劳动人口规模从 9.89 亿人下降到 9.63 亿人，劳动参与率从 68.44%下降到 65.17%，按照两项指标自身发展趋势推算，我国劳动力供给规模将不断下降，到 2030 年达到 6.27 亿人。(数据来源：经济日报)

2. 结构性失业问题突出

结构性失业是经济、产业结构变化以及生产形式、规模变化促使劳动力结构进行相应调整而导致的失业。由于我国正在对经济结构进行重大调整，与之相应地，劳动力结构必然要进行同步调整，这不可避免地会造成结构性失业。这就意味着“劳动供给过剩和短缺并存”，失业不是因为缺乏就业机会，而是合格的劳动力不足。其中高级技术人才和高级管理人才尤为短缺。

3. 信息化、全球化时代带来国际化人才竞争

当我们身边的计算机技术从 PC 发展到互联网，再到 web3.0 手机终端功能的日益强大，我们确信托夫勒所预言的信息时代确实到来了。信息技术的高度发展缩短了全球各个国家的距离，使经济资源在全球范围内进行重新组合和配置。20 世纪 90 年代以来，越来越多的跨国企业进入中国，如宝洁、IBM、家乐福等；同时，中国的企业也开始向国外发展，如联想、华为等，中国的建筑公司开始在国外兴建工程，中国的石

油公司开始尝试在国外开采石油。另外，中国也成为世界的代工中心，从世界工厂到中国制造，企业的国际化势必要求具有国际化视角与素质的员工。

此外，使用外籍员工也会带来更加激烈的人才竞争压力。就目前的状况看，外资企业比国内企业在员工待遇上要高出很多，而外资企业中外籍员工的薪酬和他们在某一职位上的竞争力又显著地高于本地员工。

因此，大学生进行职业生涯规划时，也应当具有一定的国际化视角，将自己放到更广阔的平台上，这样才有利于长久的发展。

对宏观工作世界的了解可以帮助学生在求职时比较从容地承受激烈的竞争，提前做好技能、心理等方面的准备，以积极姿态应对所面临的各种情况。

4. 多种工作形式选择的可能性

工作的形式有很多种，最常见的就是全职工作，即连续为同一雇主工作，每周工作 40 或 40 个小时以上的工作。学生在求职时都是希望能够找到一份全职工作，因为具有相对的保障和稳定性。很多人认为组织有责任照顾他们，不过，他们把自己的将来交到别人手上的做法也会增加自身的风险。

兼职工作是近些年增长很快的工作形式之一。兼职工作者每周为同一雇主工作的时间不足 40 小时，他们通常没有将工作报酬作为生活费的主要来源，不是为了赚取额外的收入而考虑工作。兼职工作虽然收入不一定高，也不够稳定，但对学生尤其是那些希望继续读书、但又受限于经济条件的学生来说，是很好的增长社会经验的途径。

另一种和兼职工作有些类似的工作形式是多重工作，是指一个人同时兼有两个或两个以上独立的工作角色。有时，他们也被称作“兼职者”，因为他们经常除了做“有规律的”全职日工作外，还有一份兼职的工作。多重工作者的角色包括：为两个或两个以上雇主工作，为一个雇主工作同时自己也经营企业，经营两家独立的企业。他们喜欢在具有多样性、灵活性和变化性的环境中工作，愿意不断地更新技能，从而为自己提供保障。

自由职业，或称 SOHO（small office & home office），是目前社会中比较受追捧的一种自雇的工作形式，是一个人的经营模式。随着信息技术的发展，这种工作形式已经越来越成为可能。因为这种工作形式具有自由、开放的性质，所以近年来越来越多的人加入到了这个行列。自由职业的风险性相对较大，因此选择此种工作形式的人通常具有良好的心理安全感、自我管理能力和自信心。如新媒体运营（自媒体、直播等），它是通过现代化移动互联网手段，通过利用微信、微博、贴吧等新兴媒体平台工具进行产品宣传、推广、产品营销的一系列运营手段。通过策划品牌相关的优质、高度传播性的内容和线上活动，向客户广泛或者精准推送消息，提高参与度，提高知名度，从而充分利用粉丝经济，达到相应营销目的。

自我创业，做一个企业家，也是一种工作形式，其风险最高。企业家既是企业主也是运营官，它的特点是要雇用其他人经营企业，具有高风险、高回报的性质。企业家重视独立、刺激和成功。他们很能容忍不确定的状态，具有控制内在因素的特质。为了取得成功，他们的信仰必须与他们成功的目标保持一致。与众不同的是，企业家会把毕生的资产作为企业成功的抵押。

以上提到的只是目前社会中比较常见的几种工作形式，也许你还会列举出更多的工作形式。其实有多少工作形式，如何对它们进行分类并不重要，关键是随着社会的进步和发展，提供给个人的机会越来越多，学生在进行生涯规划时要注意到这些可能性，给自己更大的选择空间。

例如，若创业是一位学生的最终理想，但在刚毕业，时机尚未成熟时，可以从其他的工作形式开始，有了各方面的积累后再进行创业。又若一时难以找到心仪的全职工作的学生，不妨从兼职工作开始培养自己所欠缺的经验和能力，然后再去争取全职工作。只有在看到更多的可能性时，学生才会有更多办法走上自己的理想道路，并将经历的过程看作是锻炼和提升的机会。在寻找理想工作的过程中遇到的顺境与逆境都是生涯中精神财富的一部分，不能简单地归为找到工作和没找到工作两种结果，那样将失去找工作过程中创造和努力的可能性。

5. 新的职业生涯信念

在传统的职业生涯信念中，员工是从属于组织的，组织好像父母一样应当照顾员工，同时员工应当以组织为家，以组织利益为第一，以被组织认可获得升职为成功。在新的职业生涯信念中，组织和员工的关系更像是合作者，组织向员工提供横向的职业发展，而员工在接受新的工作或任务时能够不断学习新的技术与知识，以适应组织的需要，同时提升自己的专业能力和就业竞争力。

传统职业生涯信念与新职业生涯信念最大的区别在于：前者认为组织应当为员工的生涯发展负责；而后者认为员工应当为自己的职业生涯负责。新职业生涯理念是经济和技术快速发展的产物。日趋激烈的竞争要求企业有更灵活和快速的适应能力，因此组织更愿意采取一种期限更短、双方承诺更少的“交易型”心理契约。在这种契约下，因为雇佣的不稳定性、竞争的不确定性，员工更需要为个人的生涯规划负责，以便能够控制机会和主导个人的发展。新的职业生涯信念提醒大学生应更主动地为自己的生涯规划负责，以新视角来看待生涯规划，无论在哪个组织中工作都应该注意培养个人就业竞争能力，更积极地把握个人的发展。

三、与具体工作相关的信息

当探索工作世界涉及某个具体工作时，需要了解的信息更为细致，通常包括以下几个方面。

（1）公司文化和规范。

（2）工作内容和职责。

（3）工作要求的知识、技能和素质。

（4）工作要求的资历和资格。

（5）工作时间、地点和环境。

（6）工作的可发展空间。

（7）薪酬待遇和福利。

（8）如果要去应聘，还需要了解公司的招聘文化。

四、继续教育和学习方面的选择

在现在这个知识经济的时代，继续教育和学习几乎成为每个人生涯发展中的必然内容。一般而言，继续教育和学习的可能途径包括：考研、在职研究生、学校保送、扶贫计划的优先学习政策、出国、研究生学历班、函授、自考、在职培训、实习、成人教育、夜大、其他培训、资格认证等。哪种形式更适合自己则要从时间、经济、能力、针对性等多角度去了解与考虑。

第三节　探索工作世界的方法与途径

一、形成自己预期的职业库

很多大学生不知道如何进行工作世界的探索，其中一个很重要的原因就是工作世界的信息浩如烟海，根本搞不清应该从哪儿入手，更谈不上如何进行了。如果有一个探索范围，则会容易很多。通过前面单元的自我探索可以帮助个人初步形成一个探索的范围、自我探索中的兴趣、性格探索，每一部分最后有相应适合的职业出现。

此外，每个人还有自己心目中理想的职业，可以通过头脑风暴的形式把它们也列出来。这样就获得了一个职业清单，看看这些职业有什么共同点，就可能启发你想到更多值得探索的职业。结合你的能力和价值观再次从职业清单中进行筛选，最终就得到你预期的职业库。简单举例说，一位学生小 A 期待做商业方面的工作，但是因其对社会还不太了解具体选择什么工作就难以决定。性格探索的结果是他适合做人力资源管理者、咨询顾问、教师等，兴趣探索的结果是他应该做社工、教师、培训人员等，能力探索的结果是他可以做教育、销售、客户服务等工作，价值观探索的结果是他期

待做服务、自由职业、护理等工作。从小A职业探索得出的各种选择中，我们可以看到，教师职业、教育工作出现的频次最高；社工、客户服务、服务、护理等虽然名称不同但都明显体现了帮助他人的特点。所以最适合小A的职业首先具有与人打交道、帮助他人的特点，其次还有沟通性、商业性等特点，由此他可以列出或搜索一些符合这些特点的职业，比如培训、咨询顾问、客户服务等进行详细调查。

研究表明：在做决策时，太多的信息容易让人迷失，反而拿不定主意；而过少的信息又起不到让当事人了解客观事实的作用。所以，在形成预期职业库的时候，库的大小根据自己的情况要有适当的平衡，通常5～10个职业的调查是比较适中的。在信息探索过程中，抛开自己固有的想法，保持开放的心态，就容易获得客观的信息。

二、用职业分类的方法帮助探索工作世界

在繁杂的工作世界中挑出相关、有用的信息，是项艰巨的工作。学生即使形成了自己的职业库，但到底有哪些工作可能和职业库得出的职业特点相符合，这也是一个问题。如果能按照一定的规则将职业分类，学生就可以轻松地找到和这些特点相关的工作了。下面介绍一些比较经典的职业分类方法。

1. 霍兰德的职业环境分类

霍兰德职业环境分类在“兴趣认知”一节有详细的描述，这里不再赘述。

2. 工作世界地图

普里蒂奇（Prediger，1993）在霍兰德六边形模型的基础上做了一些调整，增加了人—事物、资料—概念两个维度（图3-1）。人—事物维度分别表示与人相关的工作，例如，为人们提供服务、帮助他们等；与具体物体相关的工作，如机械、生物、材料等。资料—概念维度分别表示与具体事实、数字、计算等打交道的工作和用理论、文字、音乐等新方式表达或运作的工作。

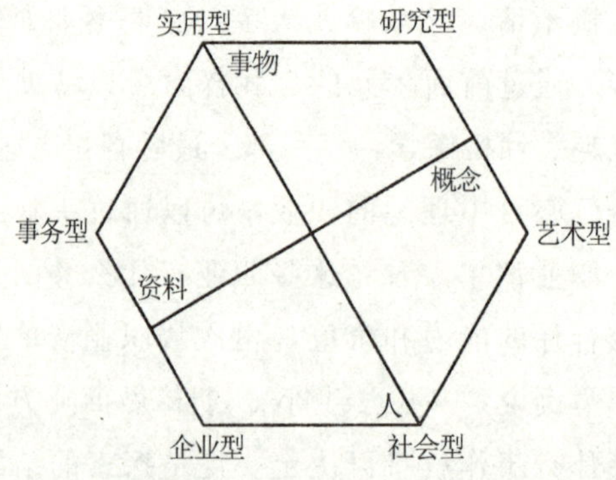

图3-1　职业分类图的潜在二元向度模式图

美国大学考试中心（ACT）把普里蒂奇的研究进一步发展，他们在兴趣的两维基础上，将职业群体的具体位置标定在坐标图上，从而得到工作世界图。该图共分 12 个区域，共有 20 个职业群被标定在图 3-2 中。学生可根据自己兴趣类型在该图中的位置，通过与不同职业群的远近位置比较，进一步扩展与自己职业兴趣相关的工作搜寻范围。

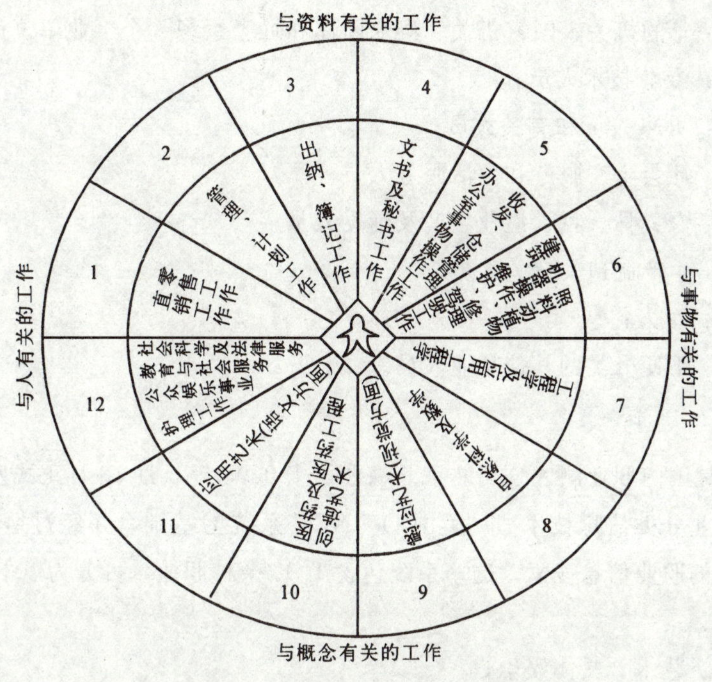

图 3-2　职业分类图（美国 ACT）

金树人等对普里蒂奇六种类型与人—事物、资料—概念之间的关系进行了进一步研究，研究对象为中国台湾高中生、大学生和成人，结果发现霍兰德的六角形模型与其潜在结构发生了一个新的对应关系，如图 3-3 所示。由于职业分类图并没有经过本土化的研究，所以学生在使用该图时可借鉴金树人的研究结果。

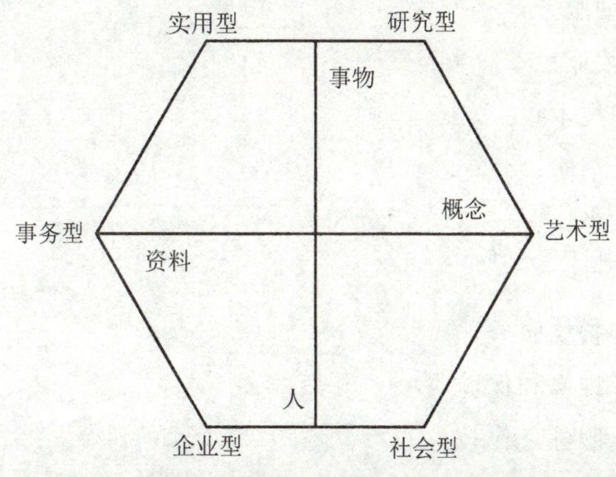

图 3-3　改良式的六角形的潜在二元向度模式图

3.《中华人民共和国职业分类大典》

它是我国第一部对职业进行科学分类的权威性文献，由劳动和社会保障部、国家质量技术监督局、国家统计局联合编制。《中华人民共和国职业分类大典》将我国职业归为8个大类、75个中类、434个小类、1481个职业。其中8个大类具体为：

第一大类：党的机关、国家机关、群众团体和社会组织、企事业单位负责人；

第二大类：专业技术人员；

第三大类：办事人员和有关人员；

第四大类：社会生产服务和生活服务人员；

第五大类：农、林、牧、渔业生产及辅助人员；

第六大类：生产制造及有关人员；

第七大类：军人；

第八大类：不便分类的其他从业人员。

4. JobSoSo 职业分类

JobSoSo是国内职业测评公司北京北森公司于2005年3月16日正式发布的，它以全球领先的职业分类信息技术——美国O＊NET系统为基础，并经过适度的本土化，可以进行独立的职业信息搜索。这一系统包含1000余种职业，可分为以下22大类：

(1) 管理；

(2) 传媒、艺术、文体娱乐；

(3) 销售及相关职业；

(4) 商业及金融；

(5) 医疗专业技术；

(6) 行政及行政支持；

(7) 计算机和数学；

(8) 医疗卫生辅助服务；

(9) 农、林、畜牧业；

(10) 建筑、工程技术；

(11) 安全保卫、消防；

(12) 建筑及冶炼类；

(13) 科学研究；

(14) 食品加工和餐饮服务；

(15) 设备安装、维修和保养；

(16) 社区及社会服务工作；

(17) 建筑物、地面清洁及维护；

(18) 企业生产；

(19) 法律工作；

(20) 个人护理及服务性职业；

(21) 物流；

(22) 教育、培训及图书管理。

它对某个具体职业从职位名称、直属上级、直属下级、合作部门、职业描述、工作内容、教育背景、核心课程、工作经验、培训认证、工作环境、职业前景、知名公司、薪酬待遇、相关职业、榜样人物、该职业对人的核心要求等角度进行了比较全面的描述。

5. 其他常见分类方法

社会上还有一些通俗的分类方法，比如最热门的职业、最受人尊敬的职业、最赚钱的职业、需求量最大的职业、发展前景最好的职业等，这些分类也可以帮助学生对更多的职业有所了解。但是应当牢记：最重要的是你选择的职业要适合你！

三、其他探索工作世界的方法

工作信息探索的方法有很多，依据一定的规律可以提高效率，例如从近至远的探索。所谓近和远，是指信息与探索者的距离。通常近的信息比较丰富，远的信息更为深入；近的信息较易获得，远的信息则需要更多的投入和与环境的互动才能了解。所以，从近至远的探索是一个范围逐渐缩小、了解逐渐加深的过程。如图 3-4 所示列举了从近至远获取信息的一些方式。

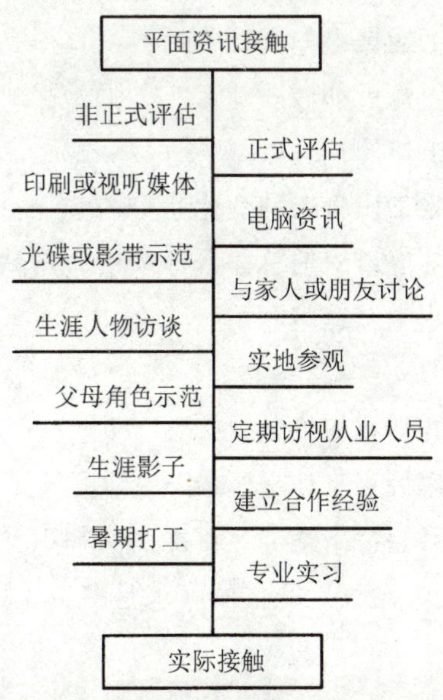

图 3-4　生涯资讯来源与使用者接受距离之区分图

非正式评估是探索者有意无意得到的对某个信息的最初评估。正式评估是指各种正式的职业测评，如兴趣测评等。通常学校就业指导中心会提供给学生免费的相关测评，社会上的职业测评机构也提供收费的服务，学生在选择测评时应注意该测评的信效度是否合格。

印刷或视听媒体的范围比较广泛，报纸、杂志、电视、书籍都有可能提供职业信息，比如《中国教育报》《中国大学生就业》、电视栏目《非你莫属》《职来职往》等以及一些传记文学等。电脑资讯如今已经成为越来越主要的获得大量信息的途径，和职业相关的网站很多，比如中国劳动力市场网、前程无忧、智联招聘、搜狐招聘频道、新浪求职频道、中青在线人才频道、各高校职业指导网站等，也有一些网站专门提供某个专业的职业信息或留学信息等更有针对性的资讯。生涯影子指跟着某个特定的工作角色观察其工作内容。

建立合作经验、暑期打工和专业实习都是实践性很强的方式，获得的信息更为真实，但是所耗的时间、精力也比较多，机会也有限。

生涯人物访谈处于近与远的中间，在效率和信息的真实性上有比较好的平衡。这种方式是指学生对身居自己感兴趣职位的人进行采访。接受访谈者应是我们称为“生涯人物”的人，在这个职位上已经工作了三至五年甚至更长时间。为防止访谈中的主观影响，应至少访谈两人，如既与成绩卓然者谈，也与默默无闻者谈，则效果会更好。

访谈时，学生应明确访谈的目的是收集供职业生涯决策的信息，而不是利用生涯人物来找工作，以免引起双方的尴尬。建议学生在正式进行访谈前，至少做两件事：一是为自己准备一个“30 秒广告”，因为在访谈过程中，对方可能会问到你的职业兴趣和目标；二是对需要提出的问题做一些准备，这样有助于访谈的深入进行，能够取得较高的效率。访谈中，学生可能提出的问题包括：

（1）在这个工作岗位上，每天都做些什么？

（2）你是如何找到这份工作的？

（3）你是如何看待该领域工作将来的变化趋势的？

（4）你的工作是如何为实现组织的总体目标或使命贡献力量的？

（5）你所在领域有“职业生涯道路”吗？

（6）该工作需要什么样的人？

（7）到本领域工作所需的基本前提是什么？

（8）就你的工作而言，你最喜欢什么？最不喜欢什么？

（9）什么样的初级工作最有益于学到尽可能多的知识？

（10）本领域初级职位和略高级别职位的薪水是多少？

(11) 工作中采取行动和解决问题的自由度如何?

(12) 本领域有发展机会吗?

(13) 该工作的哪部分让你最满意，哪部分最有挑战性?

(14) 什么样的个人品质或能力对本工作的成功来讲是重要的?

(15) 你认为将来本工作领域潜在的不利因素是什么?

(16) 依你所见，你在本领域工作遇到了什么样的问题?

(17) 对于一个即将进入该工作领域的人，你愿意提出特别建议吗?

(18) 该工作需要特别的知识、技能和经验吗?

(19) 这种工作需要什么样的教育或培训背景?

(20) 公司对刚进入该工作领域的员工提供哪些培训?

(21) 还有哪些方法能帮助我深入了解该工作领域?

(22) 你的熟人中有谁能作为我下次的采访对象吗? 当我打电话给他(她)的时候，可以用你的名字吗?

(23) 根据你对我的教育背景、技能和工作经验的了解，你认为我在作出最终决定之前还应在哪个领域、什么样的工作上进行深入的调查研究呢?

当然，以上这些问题学生可以根据自己的需要再整理，但对生涯人物关于工作的主观感受还是应该问一下的。比如，可以问就你的工作而言，你最喜欢什么? 最不喜欢什么? 它经常能让学生更立体地了解一种工作。另外，给生涯人物留出提供其他信息的机会，说不定会让人有意外的收获。最后，不要忘记感谢接受访谈的生涯人物，最好在访谈结束当天发一份电子邮件或手机短信表示谢意。

可能很多学生会有这样的困惑：如何找到生涯人物? 即使身边有这样的人，他们愿意接受自己的访谈吗? 不过，要是知道生涯人物访谈的另一个好处是拓展自己的人际关系网，那么，想想看，自己有那么多已经毕业的师哥师姐，还有专业老师，实际上他们不都是很好的访谈资源吗? 大多数有多年工作经验的人都非常愿意帮助学生认识各种工作的特点，所以大胆地开口就好，毕竟这关系到你未来的发展。

我们身处一个资讯发达的时代，搜寻工作信息的方法有很多很多，例如行业展览会、信息面试、角色扮演等也都是不错的途径。对于工作世界的探索，光讲方法是不够的，关键还要做到有心，随时留意周围的信息。一次谈话、一份身边的广告，都可能帮助你逐渐建立起对工作世界的了解。另外，对于工作世界的探索只有太晚没有太早。

探索工作世界的具体内容如图 3-5 所示。

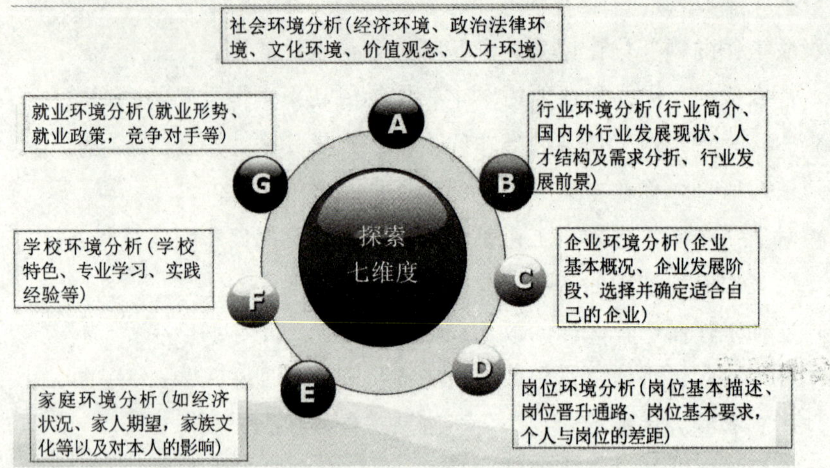

图 3-5　探索工作世界的七个维度

思考与练习

通过各种途径收集不少于 40 条自己的就业信息，并把这些信息进行整理。

第四章　我的人生我做主

——大学生职业生涯决策

四次放弃　四次飞越

第一次选择是21岁考大学时，那是在1981年，当时在研究所实验室中给技术人员做助手的程社明每月收入已有五六十元，在当时已不算低了，而且单位离家不远。但一心想成为有知识、有文化的人的他最终还是放弃了这一切。经过3年努力自学初高中课程，程社明走进了大学的大门。

第二次选择是在1988年，正在一家中日合资企业做推销员的程社明月收入已达到五六百元，在当时已属于较高收入，而且工作上也越来越得心应手，1987年他的个人业绩在全公司排第一。但程社明感到，自己不能一辈子都当推销员，他此时的梦想是成为一名企业管理者。于是他谢绝了日本总经理提出的提拔他为干部、送他到日本去进修，甚至分房给他的挽留条件。在没有收入的情况下，他经过几个月的复习准备，最终考上了南开大学中法管理研究生班，这为他日后成为一名管理者打下了坚实的基础。

第三次选择是在1991年，当时在法国工作、月收入折合人民币已达到五六千元的程社明面前还有在一家法国公司或另一家比利时公司工作的机会，但他内心还是想回到国内，不指望别人给予什么，而是自己去创建一番天下，另外他也很想向后来成为他导师的著名专家陈炳富教授再学些东西。不少人对他的回国都表示不理解，但事实证明，他如果不回来也就没有后来创建合资企业的一番业绩。

第四次选择则是1999年，这次程社明放弃的是八年来自己打下的一番天下：从1992年创业时只有自己一个人，年销售额100多万元，到1999年时已发展成为拥有员工320多人、全国24个办事处、年销售额1.5亿元的合资企业。

由此可见，一个人的生涯决策是十分重要的，生涯决策的指针是理念，生涯发展的关键是确定什么方向，生涯成功的秘诀在于为自己规划一条通往理想之路的正确途径。生涯发展的思路决定出路，知识和能力决定结果。

第一节　职业生涯决策理论概述

职业决策是一个复杂的认知过程，通过此过程，决策者组织有关自我和职业环境的信息，仔细考虑各种可供选择的职业前景，作出职业行为的公开承诺。从这个概念我们可以看出：职业决策是一个过程，而不单单是一种结果。目前，职业生涯决策的理论最有影响力的有CASVE决策模型、克朗伯兹的社会学习理论、丁克里奇的决策风格理论和彼得森的认识信息加工理论。

一、CASVE决策模型

（一）认知信息加工理论

1991年，盖瑞·彼得森（Gary Peterson）、詹姆斯·桑普森（James Sampson）、罗伯特·里尔登（Robert Reardon）合著了《生涯发展和服务：一种认知的方法》（*Career Development and Services：A Cognitive Approach*）一书，阐述了如何做出生涯决策、生涯问题解决和生涯决策如何使用信息等这一认知信息加工（Cognitive Information Processing，CIP）的方法。

认知信息加工理论是基于“在生涯问题解决和决策制定过程中大脑如何接收、编码、储存和利用信息和知识”这一理念形成的。认知信息加工理论主要关注涉及解决职业生涯问题和做职业生涯决策的思维和记忆过程，强调职业生涯问题解决是一个认知的过程。认知信息加工理论从一种认知科学或认知心理学的视角探索生涯问题和决策，再次提醒从关注生涯选择结果的适当与否到关注生涯选择的历程，即认知的历程。

金字塔模型构成认知信息加工理论的基本框架。知识领域、决策技能领域、执行加工领域组成信息加工理论的基本内容。金字塔模型和CASVE循环是信息加工理论的核心观点。

金字塔底部的知识领域包含自我知识和职业知识。自我知识包括了解自己的价值观、兴趣和技能，职业知识包括理解特定的职业、学校专业及其组织方式。金字塔第二级水平的决策技能领域包含进行良好决策的沟通（Communication）、分析（Analysis）、综合（Synthesis）、评估（Valuation）和执行（Execution）五个步骤（缩写为CASVE）。金字塔顶端的执行加工领域包括自我对话（Self－talk）、自我觉察（Self－awareness）及控制和监督（Control and Monitoring），具有工作控制职能。

（二）知识领域完善

1. 自我知识及其完善

首先，要“积极”地思考自己，确保自己有一个积极的态度，不让消极的想法干扰自己对价值观、兴趣和技能的思考。其次，提高自我认识的质量。关于自我知识的信息是基于人们的经历，基于能回忆的日常生活中所发生的事情的，我们应该去加工和谈论这些经历与经验，反思与经历有关的感受；还应该把这些生活事件和经历相互联系起来，通过把价值观、兴趣和技能及彼此之间的相互关系联系起来，用更复杂的方式思考自我知识；还应该意识到改善与生涯决策有关的自我知识是一个终生过程，永远不会结束，每一个新的生活事件和经历都会增加价值观、兴趣和技能的信息存储，如图 4-1 所示。

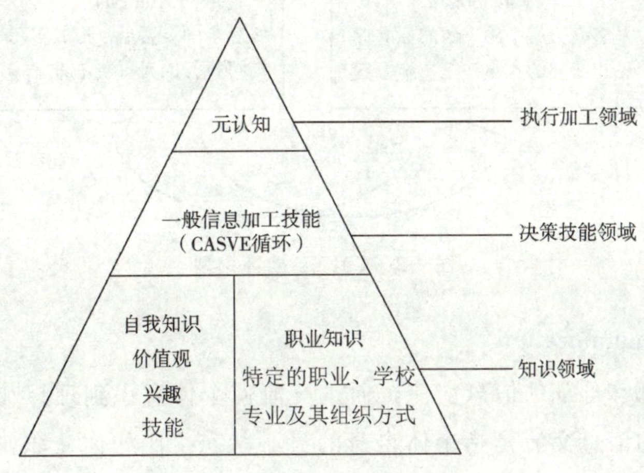

图 4-1　认知信息加工金字塔模型

2. 职业知识及其完善

首先，要更好地思考各种选择，确保自己对各种选择持积极的态度，而不是以消极的假设和刻板印象限制自己。其次，使用有关各种选择的信息，提高职业知识的信息质量。要通过阅读、倾听、观察、书写、参观、讨论六种行动方式来获得各种选择的信息；要养成不断从亲朋好友等一些社会关系或一些场所（或场合）获得职业信息的习惯；要将在学校已经掌握的研究技能运用于个人的生涯问题和决策制定中；要记住寻找各种选择的信息需要花费大量时间，不是冲刺或走捷径能完成的。

（三）决策技能改善

CASVE 循环该模型认为一个良好的决策需要经历沟通、分析、综合、评估和执行五个要素的往复循环，如图 4-2 所示。

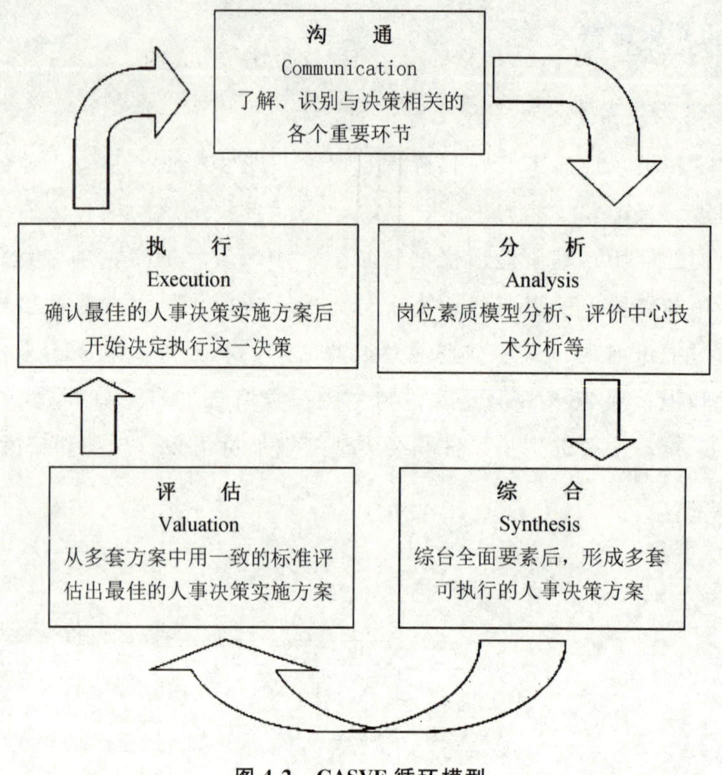

图 4-2　CASVE 循环模型

1. 沟通（Communication）

沟通包括内部和外部的信息交流，通过交流使个体意识到理想和现实之间存在的巨大差距。内部的信息交流是指个体自身的身心状态，比如你在职业决策时，可能会产生焦虑、抑郁、受挫等情绪，在躯体上会有疲倦、头疼、消化不良等反应，这些情绪和身体状态都是一些提醒你需要进行内部交流沟通的信号。

外部的信息交流是指外界对你产生影响的信息，比如同宿舍的同学开始准备简历就是给你提供了一种外部信息，你也需要开始准备找工作了；又如在求职过程中父母、老师、朋友给你提供的各种建议。通过内部和外部沟通，你意识到自己需要解决某些问题，这样的交流对开始职业生涯决策十分重要。沟通阶段需要回答的最基本的问题是：此刻我正在思考并感觉到的自己的职业选择是什么？

2. 分析（Analysis）

分析是通过思考、观察和研究，对兴趣、能力、价值观和人格等自我知识以及各种环境知识进行分析，从而更好地理解现存状态和理想状态之间的差距。在分析阶段需要对两方面的知识进行了解。

首先是自我知识，包含了兴趣：我喜欢做什么？做什么事情的时候我最投入？做什么事情能让我得到享受？能力：我擅长做什么？什么事情是我能做得比别人好的？

我都掌握了哪些专业知识？价值观：我看重什么？我这辈子希望达到的目标是什么？我希望工作可以带给我什么？人格：我是内向的还是外向的？我关注宏观抽象的事物还是具体细节？我倾向理性思考还是感性体验？我习惯于有条不紊还是随机应变？

其次是环境知识，每一个选择处于什么样的环境？会带来什么样的生活？需要付出哪些努力？比如，对于考研来说，需要付出什么努力？花多长的时间准备？读研之后的生活是什么样的？研究生毕业之后的求职情况如何？而对于找工作也需要了解每一份与职业相关的信息。

3. 综合（Synthesis）

综合是根据分析阶段所得出的信息，先把选择范围扩展开来，然后再逐步缩小，最终确定 3～5 个最可能的选项。这个先扩大后缩小的过程非常重要。通过分析阶段，我们对自我的各方面都有了很多了解，每一个方面都分别对应着很多职业，把这些职业都列出来，就会得到一个范围很广的选择列表；选取其中的交集，就得出了缩小的职业选择范围；把最可能从事的职业限定到 3～5 个，最后，可以问自己“假如我有这 3～5 个选择，是否可以解决问题，消除现实和理想状态的差距”，如果可以，就进入评估阶段选出最适合的选择，如果还是不能解决问题就需要重新回到分析阶段了解更多信息。

4. 评估（Valuation）

评估对于综合阶段得出的 3～5 个职业进行具体的评价，评估获得该职业的可能性，以及这个选择对自身及他人的影响，从而进行排序。比如，可以问：对我个人而言什么是最好的？对我生活中的重要他人而言什么是最好的？大体上，对我所处的环境而言什么是最好的？

5. 执行（Execution）

执行是整个 CASVE 的最后一部分，前面的步骤只是确定了最适合的职业，还不能带来职业选择的成功，需要在执行阶段将所有想法付诸实践，如开始具体的求职过程；为再一次回到沟通阶段提供线索，以确定沟通阶段所存在的职业问题是否得到了很好的解决。在执行阶段，需要制订计划，进行实践尝试和具体行动。如果没有解决可以再次回到沟通阶段，重新开始一次 CASVE 循环，直到职业生涯问题被解决为止。

（四）元认知技能改善

1. 元认知

认知是指一个人为完成一项任务或达到一定目标而投身其中的记忆和思考。也就是人们获得知识或应用知识的过程，或信息加工的过程。这是人最基本的心理过程。它包括感觉、知觉、记忆、想象、思维和语言等。人脑接受外界输入的信息，经过头

脑的加工处理，转换成内在的心理活动，再进而支配人的行为，这个过程就是信息加工的过程，也就是认知过程。

根据弗拉维尔的观点，元认知就是对认知的认知。具体地说，是对自己认知环节的审视，是对思维和决策过程调节和控制的能力。

2. 元认知技能

元认知中有三个重要技能，即自我对话、自我觉察和控制监督。

(1) 自我对话。要想成为一个有效的生涯问题解决者，你必须有能力认为自己在这个领域是胜任工作的和有能力的。

小游戏：我是谁？写出 1～20 句我是一个________的人。

首先按上面的格式写出 20 句“我是怎样的人”，要求尽量选择一些反映个人风格的语句（提示：身体、体貌特征；情绪情感状况；智力能力状况；社会关系、人际关系状况；其他状况等）。

评估一下你对自己的陈述是积极的还是消极的。在你列出的每句话的后面加（+）或（－）。加号表示“你对自己肯定满意的态度”，减号则相反，表示“你对自己不满意否定的态度”。

(2) 自我觉察。成为一个有效的问题解决者意味着“个人能意识到自己就是任务执行者”。优秀的生涯问题解决者在从事信息加工任务时能意识到自己的感受，从而能意识到他人的需要，做出于己、于社会都有利的选择。

(3) 控制和监督。良好的问题解决和决策包括了解何时前进和何时收集更多的信息，优秀的决策者能够觉察到何时需要更多的信息，以便更好地了解存在的差距或各种选择，而且他们也能觉察到自己准备进行选择和承诺的时间。

3. 发展元认知技能的方法

(1) 了解自己的局限，知道何时寻找外部资源的帮助。

(2) 意识到自己决策的策略，在尽可能理性决策的同时，你还需要依靠自己的直觉和长者的建议做出选择。

(3) 找出待解决的问题，能够运用最有用的技能和知识用于解决即将面临的问题。

(4) 制订规划循序渐进，更好地控制任务的完成。

(5) 使用简单的指南，为获取和使用信息扫清道路。

(6) 持续监督，不断地对事情的进展状况进行自我反馈。

(7) 知道问题何时被解决，列出解决问题的最佳时间表。

(8) 进行积极的自我对话，赞赏辛勤的努力，积极地思考所有可能的结果。

4. 改善元认知技能

假如我们缺乏积极的元认知技能，那么学习新的高质量的元认知技能将很困难。

一旦我们明确了自己的元认知技能的薄弱之处或问题所在，我们也就可能通过学习和实践来改善元认知技能。下面有四种策略能帮助你改善元认知技能。

（1）辨别消极心态，训练积极的自我对话。我们对自己和工作领域有消极的、自我挫败式的思考，这使我们很难解决生涯问题并做出生涯决策。通过对积极和消极两方面的探索，我们可以挑战自己制定生涯决策时的习惯性思考方式。

积极心态和消极心态的比较见表 4-1。

表 4-1　积极心态和消极心态的比较

积极心态的人	消极心态的人
有必胜的信念	缺乏恒心，常为自己寻找借口和理由
善于称赞别人	嫉妒，不善于合作和配合
乐于助人	认为人性丑恶，不善于团结人
具有奉献精神	心存侥幸，不愿付出
微笑常在，乐观自信	自卑懦弱，等待命运
使别人感到自己的重要	不能宽容人，易被人忽视
能正确对待自己的弱点	自高自大，不愿意承认自己的弱点
不断改进自己	自以为是，常抱怨不公平
确定目标让自己做得更好	没有目标，缺乏动力，不思进取

主动积极的语言和被动消极的语言的比较见表 4-2。

表 4-2　主动积极的语言和被动消极的语言的比较

主动积极的语言	被动消极的语言
我选择去……	我必须去……
我能……	我无能为力
我打算……	他就是这样一个人
有没有其他可能性	除非……才能……
我可以控制自己的情绪	他们是不会接受的

（2）减少“要么、或者”式的思维方式。这是一种不肯定的思维方式，在解决生涯问题和制订决策的过程中，要学会依程度、情境、人物、时间、环境等的变化，在思维中做出合理的反映。有助于我们成为更好的问题解决者和决策制订者的元认知技能是相对思维而不是非此即彼的思维方式。

(3) 发展自我控制。自我控制不好的人常为自己的鲁莽付出代价；自我控制技术是在后天习得的思维过程，它增加了个体对影响行为各种因素的控制力。自我控制经常会使自己冷静地对待突发事件，从而选择最佳的应对措施。

(4) 提高一般问题的解决能力。改善元认知技能要求我们将注意力集中在生涯决策的过程中，而不在于作出一个选择的事件。在生活中，需要决策的事件有很多，我们通过日常小事的决策训练，会逐渐掌握决策过程的一般方法，通过沟通、分析、综合、评估、执行的 CASVE 循环作出更为科学的决策。

(五) 改善消极的生涯想法

消极的自我挫败式的思维在信息加工金字塔模型和 CASVE 循环的任何位置上都可能出现。如果把图 4-1 看作由八个区域组成，那么这些区域就包含了有效的解决生涯决策所有重要方面，然后我们就能探讨以下八个领域各自典型的消极思维。

1. 自我知识

(1) 积极元认知：是我们对自己人格特征，即我们的兴趣、价值观和技能的思考。它的特征首先是一些清晰的、准确的、强烈的和稳定的思考和陈述方式。这些方式清楚地描述了什么对我们是重要的，以及我们在哪方面做得好。

(2) 消极元认知：任何单一的事件都有可能扭曲我们对自身价值观、兴趣和技能的认识。比如，“没有一个学习或工作领域让我有兴趣”，这种思维心态不是一种积极的元认知，其结果往往使个体解决生涯问题的过程中断。

2. 职业知识

(1) 积极元认知：和我们在职业、教育和休闲方面的各种选择相联系，也和我们如何对这些选择按照彼此之间的关系相联系的认知技能。积极的元认知让我们认识到需要选择的信息，意识到我们不能面面俱到地选择所有的机会。

(2) 消极元认知：如“几乎所有的职业信息都倾向于让工作看上去显得很好”，这种思维方式往往会使运用职业知识以解决职业生涯问题的过程被断送掉。

3. 决策制订：沟通——意识到需要作出选择

(1) 积极元认知：是与成功解决生涯问题的期待相关联的，也与那种把生涯问题看作我们社会生活的一部分的认识有关。在沟通阶段的积极思考能使我们充分察觉所有与生涯问题有关的情感、希望、期待、交流等不确定性的情感因素，我们没有被这些情绪所淹没，而是接受他们，认清其来源，并超越这些情感。

(2) 消极元认知：如“我为选择一个学习或工作的领域而感到沮丧，以至于我不能开始这一过程”。这种消极元认知会使问题和决策中断。我们需要将这种消极的元认知转化为积极的思考。

4. 决策制订：分析——了解自己和环境以及各种选择

（1）积极元认知：与拥有投入问题解决任务的个人动机和能量相关联，也和期待发现个人和环境的良好匹配相关。成功地搞清楚生涯问题的所有方面意味着个体已经准备好向综合阶段迈进，并列出一个选择清单。

（2）消极元认知：如“我永远不能足够好的理解我自己以便做出一个好的生涯选择”。在这里，这个人已经下结论认为缺乏有关个人的知识将导致其不可能发现合适的机会并选择其一，这种想法甚至会中断个体尝试发现某些线索的全过程。那么，如何才能避免“中断”这个过程呢？有很多的资源，包括书籍、网络和职业指导师都可以帮助我们获得关于自我的足够信息，至少可以知道技能的要求也不一样。

任何一种职业技能都是要经过一定时间的训练后才能掌握的；一个人的一生很短暂，任何人都不可能在一生中掌握所有的职业技能。

5. 决策制订：综合——扩大并缩小选择清单

（1）积极元认知：从自我和职业的信息领域中获得信息，意识到存在一个生涯问题（沟通）并能从个人和环境信息的角度对其进行考察（分析），这将引导我们进入综合阶段。

（2）消极元认知：如“我想不出有什么学习和职业领域会适合我”。这种消极的思考严重地阻碍了综合的细化过程，因为它中断了只有产生解决生涯问题所有可能方案的过程。

6. 决策制订：评估——选择一个职业

（1）积极元认知：是与对选项清单排序和划分等级的能力相关联的，这些选项清单是以什么对你、对你的家庭和对他人、对社会最好为基础的。

（2）消极元认知：如“我生活中重要他人的观点会影响我对学习的领域和职业生涯的选择”。这种消极的思考使他很难做出选择，因为他人的观点淹没了自己对什么是个人或社会最佳选择的知觉。

7. 决策制订：执行——实施选择

（1）积极元认知：和运用一系列的逻辑步骤进行思维的能力有关。这种逻辑系列步骤能使我们执行一种选择。这些执行性元认知使我们有能力依据手段—目的的关系进行思考。这些积极的思考也能帮助我们尽量避免用“侥幸”心理来解释职业生涯的得意时刻，帮助我们在漫长的角逐中增加耐力和持久性，认识到用现实检验一个尝试性选择的重要性。

（2）消极元认知：如“我知道自己想做的事，但我无法制订实现这个目标的计划”。这种执行过程的消极元认知是制订有效生涯决策的主要障碍。对许多人来说，选择本身不是最大的问题，最大的问题是遵循或执行这个选择。

8. 执行过程

(1) 积极元认知：是和控制、调节、监督和评估前面信息加工的所有领域相关联的。或者说与人们对自己解决生涯问题和制订生涯决策的能力的意识有关。在这个领域中，良好的思维应避免完美主义、强烈的支配欲和外界动因。

(2) 消极元认知：如“当我必须决策时，我会变得很焦虑，以至于我几乎无法思考问题”。对这个人来说，这种消极思维几乎扼杀了认知信息加工过程。严格地讲，一个人若无法思考如何解决一个生涯问题，也许其他的生涯问题也解决不好。

改变消极的元认知也需要耐心、动机和外界的支持。元认知是根深蒂固、普遍存在和长期持续的，改变它可能更需要获得来自外界的帮助。对生涯决策的不良态度也可能会迁移到生活和人格的其他领域。因此，最快最简捷的途径也许就是思考我们的职业生涯发展与规划的信息加工系统或者去咨询职业生涯规划的专业人员。

我们探讨了信息加工金字塔模型中的执行加工领域，描述了自我对话、自我意识、控制和监督这三种元认知技能，提出了发展和改善元认知技能的途径。我们还探讨了金字塔模型和五步决策循环的八个领域中积极和消极的元认知。有效的生涯问题解决和决策制订意味着我们要有效运用四个领域的信息，即自我知识、职业知识、决策过程和执行加工过程。在任何领域中的消极元认知都会使问题解决过程中断，我们提供了有关如何在制订生涯决策过程中增强积极而有益的元认知的方法。

我们的目标是帮助你改善你的个人生涯理论中有关元认知信息的质量，从而提供了生涯决策中一切积极的可能性。在职业生涯的历程中，纵使前方是一座高山，我们也能攀而过之。纵使前方是一片汪洋，我们也能游而过之。纵使前方是一涧深谷，我们也能飞而过之。

认识元认知，改善元认知技能，做最精彩的自己。

二、克朗伯兹的社会学习理论

社会学习理论最早是由美国心理学家阿尔伯特·班杜拉（Albert Bandura）于1952年提出的。该理论着眼于观察学习和自我调节在引发人的行为中的作用，重视人的行为和环境的相互作用，强调个人独特的学习经验对其人格与行为的影响。克朗伯兹（Krumboltz）及其同事吸收和借鉴了经典学习决策理论和班杜拉的社会学习理论，提出了职业生涯决策的社会学习理论。该理论将社会学习的观念引用到职业生涯辅导上，用以了解在个人决策历程当中社会、遗传与个人因素对于决策的影响。在此基础上克朗伯兹提出了影响职业选择的四个因素，其后又提出了职业生涯决策的七个步骤。

（一）影响职业决策的四个因素

克朗伯兹的社会学习理论认为个体职业生涯发展的根本选择是由内在因素和社会

环境因素来共同决定的，包涵四个主要因素：遗传因素和特殊的能力、环境状况和事件、学习经验及工作取向的技能，同时这四个因素交互作用，对个体职业生涯规划产生影响，其中个人成长经历中独特的学习经验尤为重要。

1. 遗传因素和特殊的能力

在某种程度上，个人遗传的一些特质会限制个人对职业或学校教育选择的自由，如种族、性别等。个别特殊能力及由此产生的兴趣与技能，对个人未来规划职业等也有较大影响，如音乐能力、美术能力、动作协调能力等。

2. 环境状况和事件

许多来自外部环境，非个人所能控制的因素会影响个体职业生涯规划。如社会经济的发展影响工作机会的数量和性质，政府政策对不同职业的从业要求，不同职业的投资回报率，劳动法的变更修订等。

3. 学习经验

每个人独特的学习经验，在其进行职业生涯决策时扮演着重要的角色。日常生活中，个体受到刺激与强化的类型、性质以及两者配合出现的时机经常影响个人职业生涯偏好和生涯技能发展。两种最典型的学习经验如下。

（1）工具式学习经验。包含三个主要部分：一是前因，即包含环境状况和事件，个人在生活中遇到的刺激；二是内隐与外显的行为，指内在的认知和情绪反应和外在行动；三是后果，直接由行动所造成的影响，以及当个体体验到这些后果时的认知与情感反应。

（2）联结式学习经验。某些环境的刺激会引起个人情绪上积极或消极的反应。如果原来属于中性的刺激与社会上使个体产生积极或消极情绪反应的刺激同时出现，这种伴随在一起的联结关系，会使中性的刺激也具有积极或消极的反应。

4. 工作取向的技能

个体内在的遗传因素和特殊能力，外在社会上各种影响因素以及不同的学习经验等，会以一种交互影响的方式使个人形成特有的职业技能取向，如解决问题的能力、职业价值观、情绪认知等。

（二）职业生涯决策的七个步骤

1977 年，克朗伯兹运用社会学习理论对职业生涯决策技巧的作用进行研究，提出了进行职业生涯决策的七个步骤。

（1）界定问题。理清自己的需求及时间或个人限制，并制订出明确的目标。

（2）拟定行动计划。思考可能达成目标的行动方案，并规划达到目标的流程。

（3）澄清价值。界定个人的选择标准，作为评量各项方案的依据。

(4) 找出可能的选择。搜集资料，论证可行的方法。

(5) 评价各种选择。依据自己的标准，对各种可能的选择方案进行评价。

(6) 选择方案。比较各种可能的选择，根据决策者的价值标准删除不合适的方案，挑选最合适的方案。

(7) 开始执行方案。方案确定之后开始实施。

(三) 职业生涯决策中遇到的困难

克朗伯兹的社会学习理论认为，人们在职业生涯决策过程中会遇到许多困难，这些困难可以归纳为五类。

(1) 个人可能不会辨认现有的可以解决的问题。

(2) 人们可能不努力做决策或解决问题，一切都顺其自然、随波逐流。

(3) 由于个人本身的局限性，可能意识不到本来存在的好的决策，可能会放弃或消除一个潜在的令人满意的选择。

(4) 人们可能会选择较差的决策。

(5) 人们可能因为感到没有能力达成目标而痛苦焦虑。

(四) 社会学习理论在职业规划中的应用

按照社会学习理论的观点，人们的偏好折射了人们的习惯。当一个人在想选职业的有关方面得到正反馈时，如赞许、认可，他就会倾向于对该职业有所偏好。正反馈对职业规划中所需的技能学习和行为同样起作用。没有反馈或因你的偏好、技能、行为而受罚会减弱甚至完全消除一个人对某一职业的偏好。

社会学习理论应用于职业生涯规划指导，可以检测一个人在职业决策和求职时产生的想法是否有效、合理和正确。这一点可以自己完成，也可在咨询人员的帮助下进行。决策是带有压力的，有时甚至会很痛苦。借助于社会学习理论，人们可以剖析自己，寻求职业指导，下决心做出职业选择。

克朗伯兹汲取班杜拉的社会学习精华，兼顾心理与社会的影响作用，以期帮助面临职业生涯发展困惑的人群，社会学习理论对于今天高校大学生做好大学生涯规划和职业生涯规划有着非常重要的理论指导和实践应用价值。

克朗伯兹的理论是以社会学习的观点来解释人类生涯选择的行为，特别强调社会影响因素和学习经验，对实际的职业生涯辅导工作应用，提供了不少方法和启示，具有较高的实用价值。

三、丁克里奇的决策风格理论

（一）决策与职业决策的含义

决策是人们为了实现一定的目标而进行方案制订、方案选择、准备方案实施的过程，是一个提出问题、分析问题、解决问题的过程。它是建立在决策者自身和周边环境分析基础上，为决策者或组织未来的行动确定目标，并对实现目标的若干可行性方案进行比较和选择，最终确定一个最为优化合理的方案的分析决断过程。职业决策是一个复杂的认知过程，通过此过程，决策者组织有关自我和职业环境的信息，仔细考虑各种可供选择的职业前景，做出职业行为的公开承诺。

（二）影响决策风格的因素

风格是指不同的人在做事方式上所表现出来的习惯偏好。决策风格（Decision Making Style）可以认为是人们在做决策时表现出来的行为偏好和心理倾向，反映了个体在决策的过程中习惯的反应模式，是个人关于决策行为的个性特征在职业决策过程中的体现。决策风格是影响决策效果与决策效率的一个重要因素。影响个体决策风格的因素，大体可归纳为三类理论。

1. 个性决策论

这类理论的主张是，决策风格取决于决策者的个性，包括气质、性格等心理特征。

2. 情势决定论

持这类主张的学者认为，决策任务与决策环境适合于不同决策风格的人。

3. 相互作用决定论

坚持这一倾向的理论认为，决策风格既受个性影响，又受决策任务与环境的影响，因此，在研究决策风格的形成原因时，需要同时考虑上述两类因素的相互作用。人们采用何种决策风格在一定程度上既取决于自身一贯的认知风格、行为习惯等特点，也取决于可利用的时间资源，以及所面临的决策问题的复杂程度。

（三）丁克里奇的八种决策风格

在决策过程中，决策者的决策风格对职业决策影响很大，不同的决策风格做出的决策结果可能是不一样的。丁克里奇（Dinklage）在1968年，通过访谈研究确定了成人做职业生涯决策时所采用的策略和决策类型。丁克里奇将个体的教育、职业和个人决策时所用的风格分为八类。

1. 冲动型（Impulsive）

这种决策风格的决策人抓住遇到的第一个选择，不再考虑其他的选择或收集信息。其想法是“先决定，以后再考虑”。比如，大学生在求职时，先找到一份工作干着再说。这种决策方式风险太大，等看到有更好的选择时自然追悔莫及。

2. 宿命型（Fatalistic）

这种决策风格的决策人将决定权留给境遇或命运。这种人迷信“我这个人永远也不会走运”，在人生转折关头，显得无力和无助，人生态度消极低沉，这样的人容易成为环境的“受害者”。

3. 顺从型（Compliant）

这种决策风格的决策人在决策时顺从别人的计划而不是独立地做出自己的决定。他们相信“他们都觉得好，我就觉得好”。从众的人同然在追随群体的过程中获得了一种虚拟的安全感，但却忽略了自身的独特性，其选择在很大程度上并不适合自己。

4. 延迟型（Delaying）

这种决策风格的决策人习惯于把问题往后推迟。比如“我还没有准备好工作，所以打算先考研”。拖延型的人总是希望也许事情过几天就自动解决了。

5. 烦恼型（Agonizing）

这种决策风格的决策人在决策前过度搜集信息，使用信息时又顾虑重重，反复比较，当断不断，心境表现经常是“我就是拿不定主意”。

6. 直觉型（Intuitive）

这种决策风格的决策人在决策前因为“感觉到是对的”而做决策，但不能说明原因。直觉对人们在环境情况无法获得充分信息时会有效，但可能会不符合事实。

7. 瘫痪型（Paralytic）

这种人接受做决策的责任，但是感觉过于焦虑而不能对决策做出有建设性的工作。他们知道自己应该开始了，可能内心深处总是笼罩着“一想到这种事就害怕”的阴影。结果，他们无法真正为决策和决策的后果承担责任。

8. 计划型（Planning）

使用如同标准化决策模型所推荐的理性策略。

上述八种决策风格没有绝对的优劣之分，各有其适用的范围和局限性。例如，直觉型决策反映了决策者能够迅速提取相关信息的能力，或者也可以说他是一个反应快的理性决策者。那种喜欢到处咨询或模仿他人者，有依赖的倾向，但也有可能把个人的认知偏差减小到最小。决策风格既受个性的影响，又受到环境的塑造，并非绝对无法改变。

第二节　职业生涯决策类型及原则

测试你的决策风格：摘桃

在面对职业决策的时候每个人受个体的经验、知识、能力、性格和气质等多重因素的影响，都有自身独特的行为方式，这种独特的决策方式就是个体的决策风格。决策风格可划分为五种类型，即理智型、直觉型、依赖型、回避型和自发型。请测试你自己的决策风格。

有一片桃园，允许你进去摘桃子，但只许前进不许后退，只能摘一次，要摘一个最大的，你会怎么办？

A：对视野内的桃子进行比较，形成一个大概的标准，再根据这个标准选择最大的桃子。

B："我感觉这个大！"就摘这个了。

C："去问看桃园的人，让他告诉我什么样的最大！"或者问旁边的人什么样的最大。

D：先别管了，走到最后再说吧。

E：稍微比较，迅速摘一个。

一、决策类型

美国职业生涯专家斯科特（Scott）和布鲁斯（Bruce）认为，决策风格是在后天的学习经验中逐渐形成的，他们将决策风格划分为五种类型：理智型、直觉型、依赖型、回避型和自发型。

（一）理智型

理智型以周全的探求，对选择的逻辑性评估为特征。理智型的决策者具备深思熟虑、分析、逻辑的特性。这类决策者会评估决策的长期效用并以事实为基础做出决策。理智型决策风格是比较受推崇的决策方式，强调综合、全面地收集信息、理智的思考和冷静的分析判断，这是其他决策风格的个体需要培养的一种良好的思考习惯。但理智型的决策风格也并不是理想的、完美的决策方式，即使采用系统的、逻辑的方式，也会出现因为害怕承担决策的后果而不能整合自己和重要他人观点的困扰。

（二）直觉型

直觉型以依赖直觉和感觉为特征，比较关注内心的感受。直觉型的决策风格以自我判断为导向，在信息有限时能够快速作出决策。当发现错误时能迅速改变决策。由于以个人直觉而不是理性分析为基础，这类决策发生错误的可能性较大，因此，易造成决策不确定性，容易丧失对直觉型决策者的信心。

（三）依赖型

依赖型以寻求他人的指导和建议为特征。依赖型的决策者往往不能承担自己所做出决策的责任，允许他人参与决策并共同分享决策成果，会受到他人的正面评价，但也可能因为简单地模仿他人的行为导致负面的反应。依赖型的决策者需要理解生活中重要他人对自己的影响程度。

（四）回避型

回避型以试图回避做出决策为特征。回避型的决策风格是一种拖延、不果断的方式。面对决策问题会产生焦虑的决策者，往往因为害怕做出错误决策而采取这样的反应。往往是由于决策者不能够承担做决策的责任，而倾向于不考虑未来的方向，不去做准备，不知道自己的目标，也不思考，更不寻求帮助。这样的决策者更容易受到学校等支持系统的忽略。所以，这些学生需要意识到自身的决策风格及其可能造成的危害，努力调整，增强职业生涯规划的意识和动机，才能从根本上得到帮助。

（五）自发型

自发型以渴望即刻、尽快完成决策为特征。自发型的个体往往不能够容忍决策的不确定性以及由此带来的焦虑情绪，是一种具有强烈即时性，并对快速做决策的过程有兴趣的决策风格。自发型决策者常会基于一时的冲动，在缺乏深思熟虑的情况下做出决策，此类决策者通常会给人果断或过于冲动的感觉。

二、黄金原则

著名职业生涯规划专家程社明提出，选择生涯路线应把握四条原则：择己所爱，择己所能，择世所需，并在保证前三个原则的基础上，追求就业收益最大化，即择己所利。

大学生根据自己的总体目标，采取链条分解法逐层分解，将总体目标分解成一个个具体目标，使他们在每一学年、每一学期，甚至每一个月都有自己的小目标，然后根据具体的小目标，采取相应的具体措施步步落实，并辅以考核措施以确保目标的

实现。

（一）择己所爱

在制订职业生涯规划时，一定要珍惜自己的兴趣，择己之所爱。兴趣与成功几率有着明显的正相关。

（二）择己所能

任何职业都要求从业者掌握一定的技能，具备一定的能力条件，而一个人一生中不能将所有技能都全部掌握，所以在进行职业选择时必须择己所能，选择能最大限度发挥自己价值的工作。

（三）择世所需

社会的需求不断演化着，一个人在选择职业岗位时，把社会需要作为出发点和归宿，以社会对自己的要求为准绳，去观察、认识问题，进而决定自己的职业岗位。

延伸阅读

刘晓明的职业选择

一、刘晓明的基本情况

刘晓明，男；年龄：27岁；学历：硕士研究生；专业：计算机信息系统；毕业院校：国内某985著名高校。

刘晓明曾在某市政府管理机构的信息中心工作两年，目前在工作中面临以下困扰。

（1）工作两年后，不能接受工作状态：工作安稳，悠闲没有挑战。

（2）工资低于外企。

（3）工作环境缺乏激励，自感无法升迁，因此，希望转型寻找适合自己的领域。

（4）有跳槽的想法，一是不知道选择什么样的岗位，二是家人反对令他比较迷茫。

从刘晓明上述面临的困扰来看，他目前遇到的问题属于职业生涯规划及生涯发展问题。

二、职业选择理论要点

根据舒伯的“终生发展”理论，不同年龄段的就业特征分为五个主要阶段：职业准备期（0～14岁）、职业探索期（15～24岁）、职业发展期（25～44岁）、职业稳定期（45～64岁）、职业衰退期和结束期（65岁以上）。

刘晓明27岁，属于职业发展期的稳定期，这正是确定和修正职业目标的阶段，每个人都可以通过各种职业尝试寻找到自己适合的工作岗位。

职业发展期是大多数人工作生命周期中的核心部分。处在这个阶段的人会不停地判断当前所选择的职业是否适合自己，如果不适合还可以在这个阶段进行调整，重新确立职业目标，刘晓明就属于这种情况。正如他所描述，“工作两年之后，越来越不能接受这样的工作状态：工作松散而平庸，薪资低于外面打拼的同龄人，重要的是他所在的地方是一个论资历而不是以能力决定升迁的地方”。他认为自己在虚度光阴，没有晋升空间和发展前途。

三、情况分析

1. 自我分析

知识教育背景：毕业于知名高校计算机信息系统专业，说明他是一个好学聪明的人且有很强的学习能力和适应能力，同时他思维敏捷，沟通能力强，善于组织活动。

技能职业经历：计算机信息系统专业，毕业后在政府管理机构的信息中心工作，工作主要以管理为主，专业的知识多少有些退化，尤其是IT行业知识更新速度快，竞争激烈。但是两年的工作让他获得了基本的管理知识和人际交往的能力。

心态方面：刘晓明工作松散而平庸，认为工作岗位是按资历而不是能力决定升迁的地方，难免会有心态上的不平衡影响工作态度。需要帮助刘晓明建立积极乐观的工作态度，使其意识到态度在工作成败中占据很大的作用。

2. 帮助刘晓明深层次认识自我

一个人选择什么样的职业应该与他本人的兴趣、爱好、性格、气质及能力相匹配。而不是想当然地以为待遇好的就是适合自己的，别人做得好的东西不一定就是适合自己的。

职业指导师帮助刘晓明做职业定位和测试。

(1) 霍兰德职业兴趣测试。霍兰德把人按照适合从事的职业分成六种类型：艺术型、企业型、研究型、传统型、现实型和社会型。从测试来看，刘晓明分数最高的是社会型。

社会型人的共同特点是：喜欢社会交往，关心社会问题，有教导别人的能力。其性格特点：合作、友善、助人、负责、圆滑、善社交、善言谈、洞察力强（与刘晓明所描述的沟通能力强，擅长组织各类活动相符合）。其典型职业有：喜欢各种直接为他人服务的工作，如教育服务，生活服务等。职业范围包括：病人护理、教育事业、医学、职业体育、维修行业、零售贸易和服务业。

(2) 交换—动力—测试（WMT）。测试结果显示刘晓明所选符号已经超过123个，说明刘晓明不太认同现在的企业，可以考虑更换工作环境。在测试中职业指导师发现刘晓明对工作、金钱和组织三个方面比较关注：工作方面，可能工作岗位低，没有充分展示他的个人能力，与刘晓明描述工作安稳，悠闲没有挑战相符合；金钱方面，无法忍受工资太少，与刘晓明描述工资待遇低于外企同学，心理压力很大相吻合；组织

层面，所在单位的组织不能忍受，不满意工作氛围和工作流程，刘晓明认为工作所在单位是论资排辈的场所，他无法以能力来获得升迁。

3. 职业分析

职业指导师通过对刘晓明现有的职业竞争力进行了评估，得出结论如下：刘晓明，27 岁，思想成熟，有一定的受挫能力。学历背景较好，思维敏捷，有策划活动和管理能力，有事业单位工作背景，有 IT 方面的专业知识背景。

四、指导方案

方案一：建议刘晓明从事计算机相关的销售工作。

优势：因为刘晓明属于社会型人，个性善于沟通、有策划和管理能力，具备销售人员的一些基本要求。此外，刘晓明在事业单位已经积累了一定的人脉关系，也可以整合他的好同学和他的资源。

劣势：从事销售工作要从基础做起，缺乏一定的销售技巧，人脉关系不够广泛。

弥补途径：可以通过参加培训或者关注电视节目（如 CCTV-2 的职来职往）相关内容获取销售技巧并在工作中使用；要做好从头开始的思想准备，毕竟他已经 27 岁，需要有 2～3 年的时间来积累；组织氛围和考核模式会完全不同也要做好思想准备，企业是以绩效考核为主，尤其是销售以完成业绩来说话。

方案二：可以建议刘晓明从事 IT 维修工程师。

由于刘晓明具有计算机本科学历和专业背景和相关工作经历，维修工程师也是社会型人比较好的职业选择。

第三节　职业生涯决策方法

职业决策是人生必经的门槛，是大学毕业生必须面对的人生关键的一步。拥有一个好的职业，能够充分发挥自己的聪明才智，成就一番事业。针对当前大学生职业选择中存在的随意性大、被动就业的问题，应该使大学生掌握一些有效的职业决策理论和方法，加强大学生职业决策能力的培养。以下将重点介绍三种科学的生涯决策方法，引导我们以科学的思维方式完成决策过程，并获得有效的决策结果。

一、归零思考模式

归零思考模式即从以下五个方面以头脑风暴的方式一直问下去，并对五个问题加以综合，得出自己的选择。

（1）我是谁？

（2）我想做什么？

（3）我会做什么？

（4）环境支持或允许我做什么？

（5）我的职业与生活规划是什么？

首先按照顺序，取出五张白纸、一支铅笔、一块橡皮，在每张纸的最上边分别写上以上五个问题。然后，找一个安静、较少打搅的环境，静下心来，排除干扰，按照顺序独立地仔细思考每一个问题，尽量把每个问题思考全面完整。

对于第一个问题“我是谁”，回答的要点是：面对自己，真实地写出每一个想到的答案，写完了再想想有没有遗漏，认为确实没有了，按重要性进行排序。比如，某应届毕业生、同学关系良好、担任过学生会宣传干事、父母都是普通的工人、身体健康；心理较正常；性格较外向，情绪较乐观；好奇心较强，学习能力不错；喜欢唱歌；有时会幻想；现在有女朋友了，女朋友是老乡，我们想到同一个城市工作。

对于第二个问题“我想做什么”，可将思绪回溯到孩童时代，从人生初次萌生第一个想干什么的念头开始，然后随年龄的增长，回忆自己真心向往过想干的事，并一一记录下来，写完后再想想有无遗漏，确实没有了，就进行认真地排序。比如，小时候，唱歌比赛连连得奖，想过当歌唱家；初中时，数学学习相当出色，想过当数学家、统计学家；宣传管理能力强，想过做公务员，到宣传部工作不错，希望和女朋友结婚，拥有属于自己的舒适的住房，每天开着自己的汽车去工作，有条件了，想在附近再买一套房子让父母过来住，帮助我们照顾家。

对于第三个问题“我能做什么”，则把确实证明的能力和自认为还可以开发出来的潜能都一一列出来，认为没有遗漏了，就进行认真地排序。比如，做编辑做得很好，唱起歌来很有魅力，宣传板报做的也是非常好。

对于第四个问题“环境支持或允许我做什么”，回答则要稍做分析：环境，有本单位、本市、本省、本国和其他国家，自小向大，只要认为自己能借助的环境，都应在考虑范畴之内；在这些环境中，认真想想自己可能获得什么支持，再以重要性排列一下。比如，曾经实习的报社的王老师很看好我，希望我去，应聘一家 IT 公司企业文化宣传助理，我生活的县城某企业招聘经理助理，家里舅舅帮我做了推荐等。

以上四个问题回答清楚后，认真比较第一至第四张纸上的答案，将内容相同或相近的答案用一条横线连起来，会得到几条连线，而不与其他连线相交的又处于最上面的线，就是最应该去做的事情。

然后再在心底问自己第五个问题“我的职业与生活规划是什么”，列出来，看看是不是与比对的结果一致，如果没有问题，就要根据这个职业方向，列出自己的日目标、周目标、月目标、季度目标、年度目标。如果有不一致，再反复思考，探索自己的心

灵深处，相信你一定会有一个科学而有效的选择。

二、SWOT 分析法

SWOT 分析法是英文单词 Strengths（优势）、Weaknesses（劣势）、Opportunities（机会）、Threats（威胁）的缩写，最早是由哈佛商学院的安德鲁斯教授于 1971 年在其《公司战略概念》一书中提出，安德鲁斯把面临竞争的企业所处的环境分为内环境和外环境，其中，内部环境分析包括企业的 Strengths（优势）分析和 Weaknesses（劣势）分析，而外部环境分析则包括企业面临的 Opportunities（机会）分析和 Threats（威胁）分析。这种综合分析企业的内外环境，从而为企业的中长期发展制订战略的方法即 SWOT 分析法。

SWOT 分析法目前多用于市场营销领域，通常是市场战略分析家们用来分析企业内外部环境的。我们同样也可以借用 SWOT 分析法来为个人的职业生涯决策服务。生涯决策者综合自身的优势和劣势，认清周围的职业环境和前景，个体可以减少职业决策的难度，更容易地进行职业选择。因此，SWOT 分析也可以看作是职业生涯决策过程中的一种可利用技术。通过这种方法，个体能够更准确地进行自我评估，更清晰地认识自己的生涯机会，从而能就社会就业市场的状况和个人的情况做出最佳的决策。

生涯决策者通过与他人相比较，考察自己周围的职业环境，认清自身的优势和劣势以及周围职业环境的机会和威胁，决策者就可以构建出自身的 SWOT 矩阵。

决策者在进行 SWOT 分析时，可以采用多种方法来确定自身的优势与劣势、机会与威胁。目前最常使用的是关键提问法，即连续不断地向自己提问，从答案中进一步了解自己。例如，我们可以通过向自己提以下一系列问题来逐步确定自己所面对的外在环境与机会：我最感兴趣的是哪个领域的技术能力？我专业领域中目前最先进的知识技术是什么？我是否尽了一切努力来让自己朝目标靠近？什么样的培训和再教育能够让我增加更多的机会？本科或更高学历是否能够增加我的优势？自己所具备的专业知识是否能够适应技术市场的需求变化、政府政策的改动？社会形态、人口状况、人们生活方式的变化是否会给我带来机会等。通过这些问题的不断提出，可以形成一个属于个人的 SWOT 矩阵，从这个矩阵中我们可以清楚地看到自己的竞争力和发展机会，从而能够确定恰当的职业目标，同时还能清晰地认识到自己的不足和外在威胁，从而为提升自己提供良好的显示依据。

完成个人的 SWOT 分析需要投入很多精力，但不管通过什么渠道，进行一次详尽的 SWOT 分析是值得的，因为当完成分析后，生涯决策者将有一个连贯的、实际可行的个人职业策略可供参考。因此，为了在未来的职业发展中具备更有针对性的竞争力，认真做一份 SWOT 分析是十分必要的。

三、决策平衡单分析法

平衡单分析法是一种卓有成效的职业生涯决策方法。人们在进行职业生涯决策的时候总是面临着许多的困难和干扰，使得原本就很棘手的决策变得更加复杂和难以操作。而平衡单分析法恰好给人们提供了一面镜子，帮助人们把复杂的情况条理化，模糊的信息清晰化，错误的观念正确化，尽可能具体地从各个角度评价分析各个可供选择的方案，预先对方案实施以后可能带来的后果进行利弊得失的分析，还要对于其结果的可接受性进行检验，最终做出成熟的决策。

运用平衡表技术有两个前提条件，首先是决策者要具备事业成熟的相关条件，其次是决策者已经有了可供选择的多个职业发展方案。

平衡表需要包括四个方面的内容：自我物质方面的得失、他人物质方面的得失、自我赞许与否（自我精神方面的得失）以及社会赞许与否（他人精神方面的得失）。

平衡单中的得失层面

1. 自我物质方面的得失

A. 经济收入

B. 工作的困难度

C. 工作的兴趣程度

D. 选择工作任务的自由度

E. 升迁机会

F. 工作的稳定、安全

G. 从事个人兴趣的休闲时间

H. 其他，如社会生活的限制或机会、对婚姻状况的要求、工作上接触的人群类型等

2. 他人物质方面的得失

A. 家庭经济收入

B. 家庭社会地位

C. 与家人相处的时间

D. 家庭的环境类型

E. 可协助组织或团体，如福利、政治、宗教等

F. 其他，如家庭可享有的福利

3. 自我赞许精神的得失

A. 因贡献社会而获得自我肯定感

B. 工作任务合乎伦理道德的程度

C. 工作涉及自我妥协的程度

D. 工作的创意发挥和原创性

E. 工作能提供符合个人道德标准的生活方式的程度

F. 达成长远生活目标的机会

G. 其他，如乐在工作的可能性

4. 他人赞许精神的得失

A. 父母

B. 朋友

C. 配偶

D. 同事

E. 社区邻里

F. 其他，如社会、政治或宗教团体

生涯决策平衡表见表 4-3。

表 4-3　生涯决策平衡表

<table>
<tr><td colspan="2" rowspan="2">考虑项目</td><td rowspan="2">重要性
的权数
（1～5 倍）</td><td colspan="2">第一方案</td><td colspan="2">第二方案</td><td colspan="2">第三方案</td></tr>
<tr><td>得
（+）</td><td>失
（−）</td><td>得
（+）</td><td>失
（−）</td><td>得
（+）</td><td>失
（−）</td></tr>
<tr><td rowspan="9">个人物质的影响</td><td>1. 收入</td><td></td><td></td><td></td><td></td><td></td><td></td><td></td></tr>
<tr><td>2. 工作的难易程度</td><td></td><td></td><td></td><td></td><td></td><td></td><td></td></tr>
<tr><td>3. 升迁的机会</td><td></td><td></td><td></td><td></td><td></td><td></td><td></td></tr>
<tr><td>4. 工作环境的安全</td><td></td><td></td><td></td><td></td><td></td><td></td><td></td></tr>
<tr><td>5. 休闲的时间</td><td></td><td></td><td></td><td></td><td></td><td></td><td></td></tr>
<tr><td>6. 生活变化</td><td></td><td></td><td></td><td></td><td></td><td></td><td></td></tr>
<tr><td>7. 对健康的影响</td><td></td><td></td><td></td><td></td><td></td><td></td><td></td></tr>
<tr><td>8. 就业机会</td><td></td><td></td><td></td><td></td><td></td><td></td><td></td></tr>
<tr><td>9. 其他</td><td></td><td></td><td></td><td></td><td></td><td></td><td></td></tr>
<tr><td rowspan="4">他人物质的影响</td><td>1. 家庭经济</td><td></td><td></td><td></td><td></td><td></td><td></td><td></td></tr>
<tr><td>2. 家庭地位</td><td></td><td></td><td></td><td></td><td></td><td></td><td></td></tr>
<tr><td>3. 与家人相处的时间</td><td></td><td></td><td></td><td></td><td></td><td></td><td></td></tr>
<tr><td>4. 其他</td><td></td><td></td><td></td><td></td><td></td><td></td><td></td></tr>
</table>

续表

考虑项目		重要性的权数（1～5倍）	第一方案		第二方案		第三方案	
			得（+）	失（-）	得（+）	失（-）	得（+）	失（-）
个人精神的影响	1. 生活方式的改变							
	2. 成就感							
	3. 自我实现的程度							
	4. 兴趣的满足							
	5. 挑战性							
	6. 社会声望的提高							
	7. 其他							
他人精神的影响	1. 父母							
	2. 师长							
	3. 男/女朋友							
	4. 其他							
合计								
得失差数								

运用平衡表进行职业生涯决策的具体步骤包括以下几点。

(1) 将各种生涯选择水平排列在决策平衡单的顶部，在平衡单的左侧，垂直列出在“自我物质方面的得失”“他人物质方面的得失”“自我精神方面的得失”“他人精神方面的得失”四个方面的重要价值观和考虑因素。

(2) 给各种价值观和因素按1～5的等级分配权重。一项价值观或因素的重要性越大，它的权重就越高。5为最高权重，表示“非常重要”，3代表“一般”，1代表“最不重要”。对自我需求和价值观的准确了解，是给价值观和考虑因素指定权重的前提。

(3) 按照各项生涯选择满足个体价值观和考虑因素的程度，进行打分。分值在“-5”到“+5”之间，其中“+5”表示价值观和考虑因素在该生涯选择中得到了完全的满足，“0”表示不知道或无法确定，“-5”表示价值观和考虑因素完全未能得到满足。

(4) 将各项生涯选择的得分与各项价值观和考虑因素的权重对应相乘进行计分，将结果记录在相应的空格内。

(5) 将每一选择下所有的正负分数相加，得出它的总分，对所有总分进行比较和排序。

思考与练习

(1) 简述职业生涯决策的类型及其内容。

(2) 简述 CASVE 决策模型的相关内容。

(3) 简述职业生涯决策用的相关理论。

(4) 简述职业决策的基本方法。

第五章　描绘一幅路线图

——大学生职业生涯规划与实施

案例解读

刘某，男，21岁，某985、211高校大三学生，化学专业，由于对化学实验不喜欢以及对经济学知识的热爱，萌生了转专业的想法。但由于刘某学分成绩未能达到经济学院转入要求，故经过努力，通过转专业考试，成功转入相近的工商管理大类学习。

转入新专业后，刘某一直专业排名前十，本人也在校院两级学生组织中担任负责人，获有多项荣誉。由于成绩好、课上积极活跃而深受任课教师喜欢，跟随老师做相关项目的研究。在大二下学期工商管理大类专业分流时，刘某以会计专业性强、好就业等原因选择了自己并不是十分感兴趣的工商管理大类下会计学专业学习，专业排名相对靠后，但他并不放弃，仍坚持努力，积极与班导师沟通专业问题，大三时专业排名已名列前茅，也因此可获得保研本校的机会。但刘某选择本专业的初衷是毕业就业。

目前刘某已申请专业领域内某大型企业实习机会，但录用结果未知。刘某一家共有三人，父母均为农村企业员工，收入微薄。但其父母却在默默积攒着孩子读研的费用，他们想让孩子见识更广阔的天地。刘某看到父母每天辛劳和日益衰老的身体，不愿他们如此，尽管其也想过读研深造，但每当谈到自己的职业规划时，刘某就一心想就业挣钱补贴家用，这一点比较坚决。同专业的多数同学均已获得实习机会，而自己的实习申请结果还未知，同时，在面试过程中感到与其他面试者存在差距，因此困惑不已。通过对刘某基本情况的了解，其问题主要在于就业选择和就业方向，次要是继续读研深造与家庭经济压力的矛盾，但本人对毕业后就直接就业比较坚决。

第一节 大学生职业生涯规划的基本步骤

大学生职业生涯规划一般经过树立生涯志向、进行自我剖析与定位、评估职业生涯机会、确定职业生涯目标、选择职业生涯路线、制订职业生涯策略并实施、对职业生涯设计进行评估、反馈与修正等几个步骤。

一、生涯志向的树立

志向是事业成功的基本前提，没有志向事业的成功也就无从谈起。俗话说“志不立、天下无可成之事”。综观古今中外各行各业佼佼者都有一个共同的特点就是有远大志向。立志是人生的起跑点，反映着大学生的理想、胸怀、情趣和价值观，影响着一个人的奋斗目标及成就。所以大学生在制订生涯规划时首先要确立志向，这是制订职业生涯规划的关键也是职业生涯中最重要的一点。

二、职业生涯的自我剖析与定位

自我剖析就是要通过科学认知的方法和手段对自己的职业兴趣、气质、性格、能力等进行全面认识，清楚自己的优势与特长、劣势与不足。自我剖析要客观、冷静，不能以点代面，既要看到自己的优点又要面对自己的缺点。只有这样才能避免设计中的盲目性，达到设计高度适宜。

三、职业生涯机会评估

职业生涯机会评估主要是指分析内外环境因素对自己职业生涯发展的影响。人是社会的人，任何一个人都不可能离群索居，都必须生活在一定的环境中。特别是要生活在一个特定的组织环境之中。环境为每个大学生提供了活动的空间、发展的条件、成功的机遇。特别是近年来社会的快速变迁、科技的高速发展、市场的竞争加剧，对大学生的发展产生了很大的影响。大学生如果能很好的利用外部环境就有助于事业的成功。因在进行职业生涯规划时要分析环境的特点、环境对大学生提出的要求以及环境对自己有利与不利的因素等。

四、职业生涯目标的确定

职业生涯目标的确定就是明确自己想成为一个什么样的人，在行政上达到某一级别，担任某一职务，在专业技术上达到某一职称，成为某一领域专家。明确正确的职业生涯目标是大学生职业生涯发展的关键。有了目标才有了追求与事业的方向与动力。

五、职业生涯路线的选择

所谓职业生涯路线是指当大学生确定职业生涯目标后是向哪一条路线发展，即是向行政管理路线发展，还是向专业技术路线发展，或是先走技术路线再转向行政管理路线。由于发展路线不同对职业发展的要求也不相同。所以在职业生涯规划中必须做出选择以便使自己的学习、工作沿着预定的方向前进。

通常职业生涯路线的选择须考虑以下三个问题：我想往哪一条路线发展，这是通过对自己的职业价值、职业理想、职业动机等的分析确定自己的职业目标取向。我能往哪一条路线发展，这是通过对自己的性格、特长、经历、学历的分析确定自己的职业能力取向。我可以往哪一条路线发展，这是通过对自己身处的社会环境、经济环境、政治环境、组织环境的分析确定自己的机会取向。对于以上三个问题进行综合分析，以此确定自己的最佳职业生涯路线。

六、职业生涯策略的制订和实施

职业生涯策略的制订和实施是指为实施职业生涯目标制订相应措施方案并以实际行动予以落实。在确定了职业生涯目标后就要制订相应的行动计划来实现它们，把目标转化成具体的方案和措施分阶段进行。

七、职业生涯规划的评估、反馈与修正

生涯评估是指在实现职业目标的过程中有意识地收集相关信息和评价，不断地总结经验和教训，自觉地修正对自我的认知，适时的调整职业目标。俗话说“计划赶不上变化”。影响职业生涯规划的因素很多，有的变化因素是可以预测的，而有的变化因素难以预测。要使职业生涯规划行之有效，就必须不断地对职业生涯规划进行评估、修正职业生涯目标、调整职业生涯策略，这样才能在激烈的择业竞争中赢得成功走向辉煌。

总之，大学生职业生涯规划不仅是一个复杂的程序，还需要科学的方法并持之以恒。只有这样才不至于白白浪费时间，才不至于毫无目标和毫无准备。

第二节　大学生职业生涯规划目标确立

目标对人生有巨大的导向作用。有了目标，人才会坚定、勤勉、不畏艰险，促使自己努力实践；有了目标，人的生命才能在有限的时空里，最大限度地释放能量，成功者必定是目标意识强者。

一、目标确立的“三定”原则

对大学生来说，职业生涯目标的确定是复杂而艰苦的过程，有时甚至是痛苦的过程。下面，看看一位来自北京某著名学府的优秀毕业生王某的心声。

我该如何抉择？

去美国读书，曾是我的梦想和努力的方向。从大学二年级开始准备，优异的GRE、托福的成绩，不低的注册会计师资格考试成绩，修改了多次的个人陈述，与诸位美国大学教授的联系，是我出国路的平坦铺垫，仿佛已经“万事俱备，只欠东风”了。然而世事难料，“9·11”事件、美国经济衰退、中国学生GRE成绩纠纷等客观因素，致使出国的路变得无比艰难。而且，由于金融专业在美国本土的热门程度和激烈竞争，我们金融专业的本科学生，只能申请5年的经济学PH.n项目。如果不搞学术研究而去求职，经济学博士学位也不是一个很重的筹码，就业前景暗淡，即便如此，竞争仍然十分激烈。漫长的5年，不对口的专业，以及申请的艰难等，都是削弱我出国决心的力量。2002年1月，大四第一学期，学校就开始对保送研究生的资格进行审核，我有幸符合标准。面对不用考试就可以直接读本校的硕士这样一个几乎无风险的选择，我放弃了我的出国梦，决定拿一个在中国还算值钱的知名高校硕士文凭。

受社会重视文凭观念的影响，那个时候我并未考虑工作，看到身边的很多同学风尘仆仆地求职应聘，以及被著名公司录取后的欣喜若狂，我心中也有些羡慕，但由于已经和学校签约，我也没有刻意的求职。忽然2003年4月中的一天，我的一个在金融业内工作的朋友告诉我，一家美国著名证券公司香港办事处希望在大陆高校毕业生中招收一名新员工，以加强面向大陆客户的业务，问我有没有兴趣，我怀着对那家著名

银行的仰慕，抱着检验自己实力的心理，把简历递送了过去。由于在上学期间比较重视职业生涯规划，参加过职业生涯讲座，对于求职的技巧有一定了解，实习实践经验也比较丰富。因此，在机会面前我没有束手无策，而是有充分的准备。当然，应聘程序仍然是艰苦而严格的。经过了2轮电话面试，4次正式面试，以及网上申请及测试，终于在5月中旬，我获得了这个工作。

欣喜过后是面对抉择的冷静思考：一方是几乎无风险，而两年后获得硕士文凭这个可预期的收益；一方是需要到一个全新环境中独立打拼，未来不确定性因素很大，当然预期收益也相对更高。朋友，你说我该如何抉择？

解决该事例主人公的抉择问题，实际是解决大学生职业生涯规划的目标确立问题，而解决大学生职业生涯规划的目标确立问题，必须遵循以下“三定”原则。

（一）定向原则

大学生职业生涯首先要“定向”，此为“一定”。方向定错了，则南辕北辙，距离目标会越来越远，还要重新走回头路，付出较大的代价。因此，职业生涯决策，决不能犯“方向性错误”。通常情况下，职业方向由本人所学的专业确定，但现实的情况是，很多人毕业后，并不能完全按照自己所学的专业来选择工作，有的工作甚至与专业风马牛不相及。“学非所用，用非所学”“专业不对口”的情况比比皆是，已不足为怪。这种情况下，就需要认真考虑，选择适合自己的职业岗位。

（二）定点原则

所谓“定点”就是定职业发展的地点。比如，有的人毕业后选择去南方，有的人选择到上海、沪宁线一带发展，有的则选择去边疆、大西北，选择到祖国最需要的地方，这都是无可非议的，俗话说“人各有志”。但应当综合多方面因素考虑，不可一时冲动，心血来潮，感情用事。

比如，有的人毕业去了南方，认为那里是改革开放的前沿，经济发达，薪资水平较高，但忽略了竞争激烈、观念差异、心理承受能力，甚至气候、水土等因素，结果时间不长又跳槽离开，如果一开始就选准方向，就可以在一个地方，围绕一个职业长期稳定发展，对自己资历和经验的积累有益，时间加努力，有望成为某一领域的资深人士。频繁更换地点，今天在这，明天到那，对职业生涯成长肯定弊多利少。

（三）定位原则

择业前要对自己的水平、能力、薪资期望、心理承受度等进行全面分析，做出比较准确的定位。在定位过程中，既不可悲观，把自己定位过低，更不要高估自己，导致期望值过高，一旦不能如愿，失望也就越大。刚毕业就被知名大公司选中，而且薪

资福利不菲，当然是你的运气。如果没有这种好运气，也无须气馁。不要过分在意公司的名气，薪资的高低，只要这家公司、这项专业岗位适合你，是你所向往和追求的，就应该去试一试，争取被录用。确立从基层做起，逐步积累经验，循序渐进，谋求发展的思想理念，这对你的一生都会有好处的。

除了这“三定”，其实还有很重要的“一定”，就是“定心”，心神不定，朝三暮四，就无法准确地“定向、定点、定位”。不论做什么，都需要“定心”。

从哲学角度看，“三定”实际上就是解决大学生职业生涯规划中“干什么”“何处干”“怎么干”这三个最基本的问题。这三个问题解决好了，职业生涯发展就会比较顺利。

二、大学生生涯目标的分析

大学生生涯最常见的目标就是就业、考研、出国深造，三种选择各有各的精彩，无所谓优劣高低之分，实在没必要给硕士、博士涂太多神圣的色彩。学历只是社会评价标准之一。读研深造，还是直接就业本身无所谓优劣，这主要看个体的约束条件。考研、出国、还是就业，要根据自己的实际条件，判断哪一条路更合适。

（一）顺利就业是大学生涯的主要目标

除了一流名牌大学（如清华大学、北京大学等）的本科毕业生毕业后有半数继续读研或出国深造外，一般本科院校的本科毕业生、硕士研究生毕业后绝大多数还是会直接进入社会参加工作，可见，就业是在校大学生的最常见目标。如果选择求职，在就业目标确立过程中要注意以下问题。

1. 就业观念的转变

随着我国经济高速增长，中国的职业结构已经发生巨大变化，但中国大学毕业生的就业观念仍很陈旧。比如，绝大多数大学毕业生都以留在大城市，进入国家机关、国有企业、外资企业和各种大型机构为第一就业选择，只有少数学生愿意选择去私营企业工作。因此，打破传统求职观念，多一双善于发现机会的眼睛，并愿意开动勤于思考的大脑，就能开创求职新思路，为实现人生目标做好准备。

（1）拓宽视野，选择可以发挥自己能力的天地。许许多多的大学生为了挤入北京、上海、广州、深圳这几个大都市而竞争的你死我活；有些为了留在这些所谓的“宝地”而仍旧求职无果，为生计发愁；其他的一些为了得到这些城市的户口，甚至去做一些无任何技术含量，只是体力劳动的工作，抛开薪水，舍弃原来自己的职业生涯规划，荒废了专业知识。最后才发现，一直在不停追求的东西不仅没有得到手，反而失去了更为珍贵的东西——经验和能力的提高。而与此同时，已经有人慢慢向外围发展，为

了自己的目标而寻找合适的地方。

(2) 改变对职业的认识，不断寻找新的职业领域。当村官逐步进入大学生脑海中的时候，当越来越多的大学生选择为了农村的发展而进入这个行业的时候，人们逐步意识到，现在有越来越多兴起的职业名称。随着职业面的拓展，为大学生们提供了更多的求职机会。因此，大学生们应该对这些新的职位给予多些关注，来缓解激烈的竞争压力。同时，也不要盲目地追寻，在选择这些职位的时候，应该收集相关职位信息，看和自己的性格、专业是否匹配，在新的领域是否能发挥出自己的潜力。

(3) 不是选择最好的而是选择适合自己的职业，好的东西不一定适合自己。大学生在选择目标企业的时候最大的疑惑是到底去大企业还是去小企业，大部分学生倾向于大企业，觉得规模大，机制健全，可以学到更多的东西。但在大规模的企业，尤其是刚刚走出校门的大学生，很少能和公司的高层领导交流，在人才济济的公司里也是很少得到重视，发展的步伐也会因此受到一定的阻碍。而在规模相对小的企业，员工们有着更为和谐的工作环境，并且更容易得到老板的关注。遇到问题也可以随时交流，一般工作的覆盖面也相对广些，可以扩大知识面，做个多面手，对自身素质和能力的提高有很大帮助。

2. 找到合适的支点

在强大的就业压力面前，越来越多的大学生或感慨自己怀才不遇，或感慨自己能力太差，其实如果能够找到合适的支点，大学生也可以找到满意的职业。

(1) 眼光不能过高或过低，目标要切实可行。有的大学生觉得以后跟别人打工没有希望，不如自己当老板，对自己和社会环境过于自信，目标脱离实际；还有的大学生认为自己家庭条件不错，找份公务员的工作不成问题；更有甚者，认为就业形势严峻，研究生尚且找不到工作，本科生有份工作就不错了，对自己自暴自弃，完全没有目标。大学生要客观看待周围和自身条件，树立切实可行的目标。

(2) 避免过于执着和盲目跟风把事情理想化，追求高薪是年轻人择业的盲点。自己的目标还是第一位的，不要盲目跟风。年轻人还是要以提高自身素质为前提，不要盲目追求利益，理想也需要有能力来实现。

作为大学生来说，自己的职业还是一片空白，首先要为自己定下职业目标，该往什么地方发展。刚毕业的大学生不应该把金钱等作为好工作的首要标准，而是要更快地提升自身素质，积累自己的工作经验，对丰富自己的工作经历打下良好基础。其实没有完美的工作，每个工作都有好与坏的两面，要学会平衡和知足。如果不能直接实现自己的既定目标，就可以寻找别的工作机会，同时为以后的求职充电做好准备。

3. 拓展就业门道，树立合适就业目标

为了顺利就业或在激烈的竞争中有一席之地，越来越多的大学生采用以下几种方

式拓展就业门道，树立合适就业目标。

（1）参加职业资格考试，掌握求职第二块“敲门砖”。参加职业资格考试是现在大学生比较热衷的“充电”方式之一。有很多学生把职业资格认证视为大学毕业证之外的第二块“敲门砖”。如公务员考试、教师资格认证考试、会计职称考试、雅思考试，为了给自己找到出路，很多学生抱着“这山不亮那山亮”的态度，报考很多培训辅导班，毕业时拿了很多证书，却没有用处。专家建议，大学生不要盲目地去参加职业认证考试，而是要有计划，结合自己的专业和目标职业发展考取相关职业资格证书。

（2）辅修第二专业，增加就业砝码。随着网络的普及，网络教育时间、地点的灵活性成为大学生掌握更多知识的很好方式。大一新生选择就读网络大学，利用课余时间攻读完相关课程，到毕业时可以拿到两个都是国家承认的毕业证书。专家表示，网络大学要求学生有较强的学习能力和自制能力，大家在选择时要因人而异，同时应该选择应用范围广的专业，如英语、管理等。

（3）利用课余时间打工、积累工作经验。众多用人单位在招聘员工时，经常会要求“有从事某某工作经验两年或三年以上”。这道门槛对于应届毕业生来说，是无法逾越的。因此，在校大学生应及早做准备，利用课余时间打工积累工作经验，这也是提高自己竞争能力的一种手段。建议学生还是以学习为主，自己的兼职时间和学业课程安排一定不能起冲突，要分清主次，在不耽误自己学业的前提下进行社会实践。

（4）参加职前培训，掌握求职技巧。很多学生的基本功很扎实，但是过不了面试的“临门一脚”，因此大学生在平时应加强求职技巧方面的知识积累。目前，学校就业指导中心和一些职前培训机构都可提供，如面试技巧、职位描述、行业知识等培训，培训费用也不多。

随着高等教育大众化的到来，高端岗位的就业压力也随之增大，大学生必须多方面提高自己的竞争能力。每一个大学生都要根据自身的条件和优势，找到适合自己的“充电”方式，再利用这个优势在市场竞争中找到适合自己的位置。

（二）考研或出国深造是大学生涯发展的重要目标

1. 要有正确的考研动机

目前大部分学生考研的动机是：寻找专业热门，希望增加自己以后申请工作或进一步读书的实力；也有很多人把考研当作学校升级的机会，即从二三流的本科进入一流的研究生院读硕士，再靠这个出国或进入优秀企业。

客观地说，这个动机是可以理解的，其理由是中国目前的人力资源市场，竞争很激烈，出现了学历贬值的不良现象：好的公司待遇可以是普通的公司的5～10倍，这些公司每年申请者众多，可以说百里挑一，根本不可能面试每一个申请者，考研变相地变成企业的一层筛选。利用这种筛选，企业在招聘时可以节约成本。于是，某些公

司可能只看名校的学生，或是只挑有博士、硕士学位的学生。但是如果认为考研是回避就业压力的避风港，那绝对是错误的观点。

正确的考研动机应该是对某专业有兴趣，希望学的更深。读硕士可以拓宽知识面（本科时学习的专业知识往往是基础），可以适当参加一些导师的项目以增强动手和团队合作能力。很多硕士生也是面向工业界培养的，并不是研究型的。一般来说，硕士毕业生比本科毕业生有更强的动手能力和更扎实的专业基础，这也是企业为什么青睐研究生的原因之一。

延伸阅读

小张的困惑

小张同学是武汉某高校的一名大三的学生，伴随着暑假的来临，千军万马过独木桥的研究生考试已迫在眉睫，高校毕业生招聘会也将接二连三地拉开帷幕，且年前的应聘单位，工作环境与待遇都相当不错，宝贵的学习时间和难得的就业机会交织在一起，“鱼”与“熊掌”很难兼得。对于小张同学而言，一个迫切需要做出决定的事情就是：考研与就业，哪个更适合自己的选择？小张感到十分困惑和迷茫。像小张这样处于困惑中的大学生不是少数，到底他们该如何决定？

2. 选择合理的考研方式

(1) 决定考研者。对这部分大学生而言，其中一种读研方式是出国深造。由于国外的师资、资源、教学方式有些领先于中国，出国深造可能比国内考研更能帮助学习技术、开拓视野。有能力出国的人（包括学业、经济和对外国的适应力），或许能申请到奖学金者，可以试试出国读书。另一种是留在国内考研。如果决心留在国内，而又想做研究，应该尽量报考一个比现在学校更好的学校，挑一个有兴趣的科目，找一个值得尊敬的老师做导师；还有如果只是为进一个好公司工作而决定考研，应该尽量报考一个比现在学校更好的学校，挑一个有兴趣的科目，选一些以后工作会用的课题，挑一个热门又实际的论文题目，找一个有管理或商业经验的教师为导师。

(2) 选择先就业者。就业是为考研留后路，如李某是某大学外语学院一名女毕业生，她选择了考研、就业两手抓。“我想读研究生，可又担心自己考不上，所以只好边找工作边考研。万一考研砸了，还有工作可以干!”据了解，由于当前就业形势严峻，大多数毕业生要找份工作已经不容易，更别提要找到自己满意的工作了。

(3) 走中间路线者。最合理的事实就是能够把考研和找工作合理兼顾起来。鼓励考研的人几乎都会告诉你，考研与找工作并不矛盾。因为考研是在毕业那个学年的春节前，而找工作可以一直找到夏天毕业时，所以花上一个学期左右的时间来复习是值得的。即使没考上，还可以在考完之后，加入到找工作大军中来。

（三）自主创业成为当代大学生涯发展的新目标

随着“大众创业、万众创新”口号响彻中国的大江南北，成千上万的高校学生投身其中，一时间，创业成为大学生成材的新途径。同时由于就业压力，一些人必然要面对找不到工作，或是短时间内找不到合适的工作，在这种情况下选择创业也不失为一种不错的选择。自主创业也可以为其带来良好的经济效益；为社会创造出更多的就业岗位；更好激发大学生的热情和自我实现意识。

1. 大学生自主创业的三大难点

（1）知识限制。许多创业者无法把自己的创意准确而清晰地表达出来，缺少个性化的信息沟通。对目标市场和竞争对手缺乏了解，反映出大学生创业知识的缺乏。

（2）缺乏经验和创新能力。大学生在创业过程中除了能纸上谈兵之外，对具体的市场开拓缺乏经验与相关知识，并且一般从事低端行业忽视技术创新。

（3）资金的募集和使用问题，表现在为急于得到资金，给小钱让大股份、贱卖技术或创意。另外，对风险投资不负责任的使用，烧别人的钱圆自己的梦。每一轮融资中的投资者，都将影响后续融资的可行性和价值评估。

2. 大学生自主创业需过好“四关”

（1）选项关。选择既适合自己又符合市场需求的创业项目，这是大学生创业者必须过好的第一关。一般来说，大学生创业应立足于技术项目，尽量选择技术含量高、自主知识产权明确的项目。

（2）经验关。大学生创业不能“纸上谈兵”，而应具备一定的企业管理及市场运营知识和经验。

（3）团队关。大学生创业投资时应看重有合作能力的创业团队而非徒有想法的单干者。

（4）心态关。大学生创业时应虚心接受别人的意见并敢于直面挫折和失败。

延伸阅读

阿成的发家史

毕业于农学院的阿成，他的发家史是从租地配置树苗、种养盆景开始的。当年，他购置了一部“农夫车”，请了三个农工就干开了。开始时，他专门跑到偏僻的农村收购“树仔头”，低价收购成型老树。在销售中，遇到出手阔绰的买家，一棵九里香就能卖一万多元。随着房地产商越来越注意营造楼盘的绿化环境，阿成的各类树苗、成树

大有市场。于是他又租了10亩地做园艺场，场内植物品种齐全，能满足不同人士的需求。为了更上一层楼。阿成的太太也辞了职，帮丈夫管理内务，阿成则专心搞经营。“夫妻同心，其利断金”，阿成对自己的园林生意充满信心。

没有“小”，就没有“大”，“以小见大”，生意经亦然。沉得住气，一点一点地积累资金和经验，肯定有发迹机会。纵观“世界500强”的发家史，无一不是从小生意掘到第一桶金，才有第二桶金、第三桶金。小本生意，船小好调头，较适宜学生创业的实际。既然是小本生意，资金筹措较容易，经营运作也不难。如一起步就做大买卖，一旦败走麦城，打击是沉重的。其实，若经营得好，小本生意的利润并不少。

三、确立职业目标

（一）职业生涯目标分解

1. 职业生涯目标分解的概念

职业生涯目标分解是把已确定的职业生涯目标从知识、能力、观念、心理等方面分解为有时间期限的长期、中期、短期分目标，直到将目标分解为某个确定的时间应该做什么，是将目标清晰化、具体化的过程，使目标具有可操作性。

2. 职业生涯目标分解的目的

职业生涯目标分解可以帮助我们在美好理想和现实环境（自我、企业、行业、社会）之间建立起可以拾级而上的途径（将理想—职业目标—目标实现联系起来，有利于目标实现，分目标是基础）。

大学生应清楚地知道为达到职业目标都要做哪些事情，并将它进行分解，一直分解到你知道为实现目标今年应该干什么，今天应该干什么，清楚每一步应该干什么，每学期应该干什么，否则目标永远只是一个美好的愿望。

3. 职业生涯目标分解的作用

通过目标分解可以明确每一个阶段的目标。

大学生会被一次又一次阶段性的（分目标）成功喜悦激励着，不断向新的分目标迈进。

有时我们失败了，并不是由于我们真的做不到，而是因为觉得太疲惫而放弃。

（二）职业目标的组合

目标组合是处理不同目标相互关系的有效方法，即指处理不同分目标间的相互关系，着眼于各分目标之间的因果、互补关系。时间上的组合，如并进、连续；功能上

的组合，如因果关系、互补作用；全方位组合，如家庭生活、个人事务。

1. 时间上的组合

(1) 并进：是指同时着手实现两个分目标，是具有长远眼光的表现，需要具备较强的时间管理能力和学习上的毅力。

(2) 连续：是指分目标之间的前后联系，即实现一个分目标，再进行下一个分目标。

2. 功能上的组合

功能上的组合是指职业生涯目标在功能上可以产生因果关系、互补关系。

(1) 因果关系：有些分目标之间有非常明显的因果关系。例如，学好英语（因）——英语四级、六级能考出好成绩（果）。

(2) 互补关系：有些分目标之间有非常明显的互补关系。例如，管理人员希望在成为优秀部门经理的同时得到MBA证书；在心理素质提高的同时人际交往能力提高。

3. 全方位组合

全方位组合是指个人事务、职业生涯和家庭生活的均衡发展、相互促进。学业有成、职业生涯成功不等于家庭生活一定幸福，但可相互促进。常见的三个方面愿望涉及以下内容。

(1) 职业生涯方面：①有自豪感和成就感的职业；②有趣、喜爱的工作内容（兴趣），满意的工作环境；③具有很强的责任心；④个人发展良好；⑤良好的同事关系。

(2) 感情生活和家庭生活方面：①有好朋友；②爱，爱恋，遇到生命中的伴侣；③生活在稳定的亲情关系中；④有可爱的孩子；⑤协调职业生活与家庭生活的要求；⑥家庭幸福。

(3) 个人事务方面：①继续接受教育，不断学习；②具有个人生活计划；③保留思考时间；④掌握生活常识和技能；⑤旅游；⑥继续锻炼；⑦保证有空闲时间休息和娱乐；⑧欣赏音乐、美术作品和文化作品；⑨发展个人爱好，如集邮、收藏等。

完美的职业生涯规划并不是把生活中的其他内容排除在外，而应在生活中建立不同目标间的协调关系。

(三) 确定职业目标范例

职业目标又可以分为长期目标、中期目标和短期目标。当我们把自己的中期目标和长期目标分解为一个个小的短期目标时，就有了具体的行动计划和步骤。这样做有助于个人对自己的职业生涯发展进行管理。

举例来说，如果现在你刚上大三，学的是中文，希望5年以后成为一名大公司的人力资源专业人士。那么，将这个目标倒推回来：4年后你一定要跟一家大公司签上合

约，2 年后大学毕业时，应当获得一家公司人力资源部门的初级职位；1 年后，应当争取进入一家公司的人力资源部门实习。这样，半年后就应当开始投递简历，寻求实习机会。因此，这一个学期，你就应该写好自己的简历，列出有可能向你提供相关信息的人际资源，并阅读一些与人力资源相关的书籍。

【范例】

目标：在今年 6 月前完成对人力资源管理职业的调研。

小目标：

星期三开始阅读《职业指导》一书。

每周阅读一章并且做每一个练习，在 5 月 31 日前读完这本书。

6 月上旬，我将制订如何选择 3 个适合我的工作的策略。

6 月中旬，我将参加学校举办的求职讲座。

6 月中旬，我将对 3 份工作进行调研，方法是：阅读相关资料，寻找至少 3 个本地做这类工作的人谈一谈。

6 月下旬，我将去 3 个做这类工作的人的工作地点拜访。

四、职业生涯目标的设计方法

在经过自我识别定位和职业环境分析后，大学生们就会确定一个总体目标。这个总体目标是我们的最终目标，即人生目标。职业生涯目标的设计方法主要有目标的分解和目标的组合两种。

（一）目标的分解

职业生涯的实现可以用一系列的阶段来表示。目标分解是将目标清晰化、具体化的过程，是将目标量化成可操作的实施方案的有效手段。目标分解是根据观念、知识、能力差距，将职业生涯的远大目标分解为有时间规定的长期、中期、短期分目标，直至将目标分解为某确定日期可以采取的具体步骤。

按时间分解：可分解为人生目标、长期目标、中期目标、短期目标。我们常说的“我打算本学期通过英语四级考试”是短期目标，“我打算大学毕业后继续攻读硕士学位”则是中期目标，而成为一名经理或高级主管则是长期职业目标。短期目标是一些具体的、操作层面的为实现中期、长期目标而采取的步骤。短期目标要切合实际，有明确具体的完成时间，越具体越具有操作性。中期目标是许多短期目标完成的结果，又为实现长期目标打下基础。中期目标有比较具体的完成时间，也可做适当的调整。长期目标是自己认真选择的，符合自己的价值观，与自己的未来发展相结合的愿望。长期目标有实现的可能性，又具有挑战性。

按性质分解：可分解为外职业生涯目标、内职业生涯目标。其中，外职业生涯目标包括工作内容目标、职务目标、工作环境目标、经济目标、工作地点目标等。工作内容目标指在现实生活中，能够达到高层职位的毕竟是少数。而且，能否晋升很大程度上并不取决于我们自己。所以，建议把外职业生涯目标规划的重点移到工作内容目标上来，即在某一阶段，把计划完成怎样的工作内容详细列出来。工作内容目标对于选择了专业技术型发展路线的人格外重要。因为这些人的发展体现在本专业技术领域取得的成果及相应的职称晋升上，所以，具体可行的工作内容目标才是规划的重点。收入目标指获得经济收入是我们工作的一大目的。毕竟每个人离不开生存的物质基础。在职业生涯规划中列出收入期望无可非议。但要注意的是切合自己的能力素质和实际，大胆规划出一个具体的数目，这个数字将在日后成为你的重要激励源，不要含糊不清或压根就不敢写。工作地点目标和工作环境目标指如果你对工作地点或工作环境有特殊要求，就要在规划中列出这两项内容。

总之，尽可能根据个人喜好来规划，但切勿太过细琐，以免影响选择面。内职业生涯目标则侧重于在职业生涯过程中的知识、经验的积累、观念和能力的提高以及内心的感受，主要包括观念目标、工作能力目标、工作成果目标、提高心理素质目标、掌握新知识目标、处理与其他人生目标活动关系的目标等。工作能力目标指对处理职业生涯中各种工作问题的能力的统称，如组织领导能力、策划能力、管理能力、研究创新能力、人际关系沟通的能力、与同事协调合作的能力等。衡量一个人的职业生涯成功与否，在于他工作的过程中是否创造了富有实际意义的成果。因此，在制订个人职业生涯规划时，工作能力目标应当优于职务目标。当然，工作能力目标应当切合实际，具有挑战性，并与该阶段的职务目标所要求的条件相匹配。工作成果目标指工作成果是进行绩效考核的重要指标，优异的工作成果不仅带给我们荣誉感和成就感，也铺砌了通往晋升之途的阶梯。提高心理素质目标指在职业生涯途中，只有心理素质合格的人才能正视现实，努力克服困难，追求卓越。

为了使职业生涯规划能够变成现实，就要不断提高自己的心理素质。提高心理素质目标包括抗挫折、包容他议，也包括在暂时的成功面前保持冷静清醒，做到能屈能伸、宠辱不惊。观念目标指当今是个强调观念的社会，各种各样新的观念层出不穷。这些观念影响着我们的行动，也影响组织、领导、同事、客户对我们的态度。随时更新自己的观念，也是我们规划个人职业生涯的重要的一环。内职业生涯各要素的发展是因，外职业生涯各要素的发展是果。只有内职业生涯发展了，外职业生涯才能获得提升。

（二）职业生涯目标的组合

目标的组合是处理不同目标组合相互之间关系的有效措施。目标的结合有三种方法，即时间组合、功能组合和全方位组合。

1. 时间组合

职业生涯目标在时间上的组合可以分为并进和连续两种情况。

（1）并进：职业生涯目标的并进是指同时着手实现两个平行的工作目标，或者建立和实现与目前工作内容不相关的职业生涯目标。有时候，外部环境给予我们的机会很多，这让我们面临着多个选择，只要处理得好，又有足够的精力和能力来应对，在一定的范围内，是可以做到鱼与熊掌兼得的。这里所说的“同时着手实现两个平行的工作目标”指的是在同一期间内进行的不同性质的工作。如上大学时参加社会实践，教书又搞科研等就是目标的并进，它是指同时实现两个以上的目标。

（2）连续：连续是用时间坐标为节点，将多个目标前后连接起来，实现一个目标后再进行下一个目标。一般来说，短期目标是实现较长期目标的支持条件。目标的期限性也是相对的，随着时间的推移，长期目标成为中期目标，中期目标成为短期目标，短期目标成为近期目标。只有完成好每一个近期目标和短期目标，最终目标才有可能实现。如通过了大学英语四级再过六级，攻读硕士学位后再攻读博士学位等就是目标的连续。

2. 功能组合

很多职业生涯目标在功能上存在因果关系或互补作用。

（1）因果关系：有些目标之间存在着明显的因果关系，如获得工商管理学位与成为一名经理就存在因果关系。获得工商管理学位是因，而成为一名经理则是果。通常情况下，内职业生涯目标是原因，外职业生涯目标是结果。一般因果排序：观念更新目标→掌握新知识目标→提高工作能力目标→职务晋升目标→经济收入提高目标。

（2）互补关系：职业生涯目标的互补关系是显而易见的，一般高校教师往往同时肩负教学和科研两项任务。教学为进行科研提供了理论基础和方法指导，科研实践又促进了教学内容的丰富更新和质量的提高。

3. 全方位组合

全方位组合是指个人的职业生涯目标与家庭生活、个人其他事务均衡发展，相互促进，它涵盖了人生的全部活动。比如，一大学生一边担任学生干部一边兼职，还要攻读第二学位，是具有长远眼光的，它有助于个人未来的发展。但是稍微处理不当就会发生冲突，因为对大多数学生而言，学习是最重要的任务，在担任多重社会角色的同时处理不当势必会影响到学习，所以在处理这些角色时要有全局意识。

五、职业生涯目标的设计过程

设计自己的职业生涯目标不是一件容易的事，大多数人都是经过一番努力才找到自己的目标。对自己问以下问题，它能够帮助你在一团迷雾中发现你的方向。

问题 1：我的梦想是什么？我最喜欢干什么？我的兴趣爱好是什么？

获得过诺贝尔物理学家奖的丁肇中说过："兴趣比天才重要。"兴趣会直接影响职业生涯。对某种职业感兴趣，就会对该种职业表现出肯定的态度，并积极地思考、探究和追求。

可以通过测试来发现你的梦想和兴趣爱好。更重要的是，测试能帮助你理顺这些兴趣与职业生涯目标的关系。现在常用的是"霍兰德职业兴趣测量表"等工具。

问题 2：我最适合做什么？

性格是个体对现实一种稳固的态度以及与之相适应的习惯性的行为方式。它不仅表现在对人、对自己的态度上，同时也表现在对职业生涯的目标选择和态度上。开朗、活泼、热情、温和的性格，一般比较适合从事演艺娱乐、服务新闻以及其他与人群交往的行业；多疑、好问、深沉、严谨的性格比较适合从事科研、教学方面的职业。

如果从事的职业与你的性格相适应，工作起来就会感到得心应手、心情舒畅，也容易在工作中取得成就；反之，就会感到缺乏兴趣、被动并难于胜任，即使完成工作任务，也会常常感到力不从心、精神紧张。

可以通过职业个性测试来了解你的性格，并发现自己适合从事哪类工作。

问题 3：我能做什么？

能力是一个人顺利完成某种活动所必须具备的心理特征。能力是影响活动效果的基本因素。进行任何一项活动，都应具备一定的能力；从事任何一种职业，也必须具备相应的能力。

能力倾向指的是一个人的潜能，即从未来的训练中获益的能力。职业分为不同的类型，因而对人的能力有不同的要求。在选择职业的时候，要注意能力类型与职业类型的匹配。如果擅长形象思维，就比较适合文学艺术方面的职业，而不太适合从事科学研究方面的职业。如果从事的职业与你的能力类型不适应，甚至相排斥，工作起来不仅心情不舒畅，而且也难于取得成就。

可以通过测试来了解自己的能力。现在，画三个圆圈把每一个问题和它的答案圈起来，每一个圆圈代表一个集合，那么，要找的职业生涯目标就是这三个圆圈的交集，即你最喜欢和你最适合的事，也是你能做到最好的事，这就是你的职业生涯目标。

拓展阅读

砍树与人生

一位老教授给学生们出了一道测试题。他说："你去山上砍树，正好面前有两棵树，一棵粗，另一棵较细，你会砍哪一颗？"如果你选择砍粗的那棵，而他则说："粗的那棵不过是一棵普通的杨树，而那棵细的却是红松。"教授又问他们会砍那一棵。

不用说大家肯定会选择后者了。而教授又加了条件，说："杨树是笔直的，可是红松却是七歪八扭，你们又会选择哪一棵？"有人说红松弯弯曲曲的，什么都做不了。即使这样，教授还是又加了条件，说："杨树虽然笔直，可由于年头太多，中间大多空了，你们又会选择哪一棵？"学生们都不知道老教授葫芦里卖的什么药，认为杨树都中空了，更没有用，还是砍红松。老教授又接着问："可红松虽然不是中空，但它扭曲得太厉害，砍起来非常困难，你们又会选择哪一棵？"大家索性也不去考虑他到底想得出什么结论，就说："那就砍杨树，同样没啥大用，当然挑容易砍的砍了！"老教授不容喘息地又问："可是杨树枝上有个鸟巢，几只幼鸟正躲在巢中，你们又会选择哪一棵？"很多人都发起了疑问，一会砍杨树，一会儿砍红松，选择总是随着条件的增多而变化，你到底想告诉我们什么，测试些什么呢？

老教授说："你们怎么就没人问问自己，到底为什么砍树呢？虽然我的条件不断变化，可是最终结果取决于你们最初的动机。如果想要取柴，就砍杨树；想要做工艺品，就砍红松。谁都不会无缘无故提着斧头上山砍树！"

最后老教授说："你们踏上社会之后，当许多事摆在眼前，你们便只顾着去做那些事，往往于各种变数中淡忘了初衷，所以也就常常会做些没有意义的事。一个人，只有在心中先有了目标，先有了目的，做事的时候才不会被各种条件和现象所迷惑，才不能偏离正轨。这就是我的测试，也是我想要告诉你们的！"

第三节 大学生职业生涯规划的制订和实施

制订职业生涯规划方案是大学生在大学期间结合个人自身状况和环境状况，为实现人生的职业理想而确定的行动方向、时间和方案，为实现目标职业采取一系列的行动计划并加以实施的过程。制订职业生涯规划的目的主要是提高大学生个体综合素质和就业能力，为未来的就业、择业、创业奠定良好的基础。

一、大学生涯规划制订的步骤

大学生职业生涯规划可以帮助学生树立科学合理的目标，制订行之有效的方案，实现自我价值。职业生涯规划可分为自我认识、环境评估、职业定位、实施策略和评估与反馈五大步骤。

（一）自我认识

自我认识主要是指对自己的社会存在、社会本质、社会地位、社会价值以及自己的行为、思想意识、道德品质等的认识或评价，自我认识的途径主要有以下几方面。

1. 自我观察

要认识自己，就需要经常反省自己在日常生活中的点滴表现，总结自己是一个什么样的人，找出自己的优点和缺点，这也是我们常说的反省法。①需要对自己的外表和身体状况进行观察，如外貌、气质和健康状况等。②自身形象的观察，主要是对自己在所生活的集体中的位置和作用、公共生活中的举止表现以及社会适应能力等的观察。通过这种方式，可以使我们对自身有初步了解。

2. 通过他人了解自己

自我认知的方法中还有一种称为橱窗法。它将一个人分为四方面，包括公开的我、隐私的我、潜在的我和背脊的我。公开的我是自己与他人都熟知的部分。隐私的我是自身了解而他人不了解的部分。潜在的我是自身和他人都不了解，需要通过某种方式激发才有可能表现出来的部分。背脊的我是自身不了解但他人了解的部分。当局者迷、旁观者清，尤其自身的缺点，自己不容易看到，但周围人对我们的态度和评价能帮助我们认识自己、了解自己，因此对他人的评价一定要客观地看待，冷静地分析，既不要盲从也不要忽视。如果通过时间的检验或在某一事件的处理中，发现他人的评价是客观的、正确的，那么我们应当认真思考，通过一定的方式努力改正自身缺点，向着更加全面的方向发展。

3. 在实践中认识自我

实现自我认识最基本的方法，就是在工作和生活实践中，通过一系列事件的开展和顺利完成，对自身思维方式、处事方式与人际关系等多个方面进行思考和总结。同时，与周围其他人的对比观察可以帮助我们更深入地认识自我。通过一些集体活动或团队协作活动，观察自身与他人在兴趣、性格、气质、能力等方面的不同，观察自身与他人对同一事件在认知、思考与处理方面的差异，可以更加全面地认识自己，也可以帮助自己学习他人的优点，在人际交往与为人处事中将自身缺点降到最低。

（二）环境评估

每个人都生长在特定的环境当中，因此，环境对人的成长与发展起到了很重要的作用。要想在职业生涯中取得成功，就必须对自身所处的环境有全面的分析和把握，如环境带给我们的机遇是什么，自身想要实现职业目标面临的挑战是什么，环境中自身能利用到的是什么，有什么是需要我们在职业发展中尽力去规避的。国家政策对人

的成长与发展具有导向性的作用，在进行职业生涯的环境评估时首先应对国家政策与地方扶持情况进行充分了解，如果有相关政策对某一行业的扶持，则对自己在日后从事某一领域工作时起到了事半功倍的作用，如果该领域缺乏相关扶持政策，那么应当认真思考如何利用其他优势资源趋利避害，促进自身的成长与发展。

了解本专业在我国的需求情况与在各省市的发展状况，如材料类行业在我同广东和山东地区发展迅速，相关企业众多，如果在以上两个区域就业，面临的机遇和可选择的范围可能会更多一些。环境评估也包括了对相关企业与自身优劣势的评估，评估相关企业的发展规模、品牌文化、销售途径、研发现状、生产技术、福利待遇等，并详细了解企业对人才的需求状况。分析自身的优劣势，结合用人单位对大学生专业基础、实践操作、团队协作等能力的要求，得出环境对自身发展的最新要求。

只有结合环境评估结果，进行职业生涯规划才是科学的有意义的，缺乏了环境评估的职业生涯规划将是脱离现实的，没有依据的。

（三）职业定位

成功的职业生涯需要不断地调整职业定位，而一个合理的职业定位则是基于对自己有一个清晰的认识、准确的判断和合理的把握。目前很多大学生在毕业时没有找到一份适合自己的工作或者预期的目标与现实之间差距过大，很大一部分原因在于没有对自己进行科学合理的职业定位。一些大学生尤其是独生子女或家庭条件较好的大学生，从小就形成了以自我为中心的生活方式，认为周围所有的事情都应该围绕着他发展，以前在初高中阶段有父母为他们铺平道路，解决所有的困难。进入大学，尤其是远离父母后，他们很难客观地认识自我，同时由于从小在优越的环境中长大，使他们缺少对周围就业环境的正确分析，因此在制订职业生涯规划时，过于理想主义，制订的目标过高，好的单位可能不需要他们，而差一点的单位他们又看不上，形成了高不成低不就的局面，使他们在就业浪潮中备受打击。

还有一部分大学生，在职业定位时往往认为高工资、高福利、位于发达城市的单位就一定是好的，却没有考虑过自己是否对这些单位提供的岗位感兴趣，这些单位是否会给自己提供一些机遇，自己在这样的岗位上有没有发展的空间等。

另有一部分学生，进行职业定位时盲目跟风，没有主见。他们认为大家普遍认为好的单位就一定是适合自己的单位，从而容易形成找工作扎堆的局面，这一类学生的思想很容易受到社会上一些舆论的左右和亲朋好友的影响，缺乏独立的判断力，往往过分看重他人的意见而放弃适合自己的岗位。由此可见，我们在正确地认识自我，科学地进行环境评估之后，一定要合理地进行职业定位，这是我们职业生涯规划成功的一大保障。

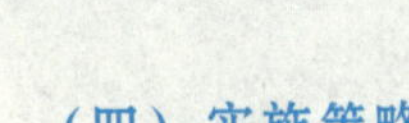

（四）实施策略

有了明确的职业定位之后，必须要制订一套具体可行的方案，才有可能一步步走向成功达到预期的目标，这套行动方案我们称为实施策略。比如说，大学期间要熟练掌握哪些专业课知识，要阅读哪些书目，要考取哪些有用的证书，要熟练操作哪些软件，要学会使用实验室里的哪些仪器设备，对哪些大型进口设备的操作流程要进行了解，要参加哪些社会实践活动以丰富自己的经历等。

制订具体的实施策略第一步就是要进行目标分解。按时间分解可分为长期目标、中期目标和短期目标，我们无论是对大学期间还是整个人生阶段进行职业生涯规划时，为了达到预期的目标，需要我们制订一系列的计划，而对于这一系列计划的实现，必须有一个合理的时间安排。也就是说，我们要将一个大的目标分解成若干个小目标，在哪个时间段内，要完成什么任务，实现什么目标都应该有个明确的安排，这样不但有利于我们分阶段、有目的地完成计划，同时也有利于时刻检验目标的完成情况。

目标分解的另一种途径是按性质分解。可分为外职业生涯目标和内职业生涯目标。外职业生涯目标包括工作内容、职务目标、工作环境等；内职业生涯目标包括观念目标、工作能力、工作成果，当进行目标分解后，我们可以仔细分析各阶段内的小目标，将便于一起完成的任务进行目标重组，这样不但可以节约时间，还可以提高工作效率。在掌握了目标分解和目标重组的原则之后，可以制订具体的行动步骤，当然这些行动步骤的制订是因人而异的，我们必须根据自己的实际情况科学合理地制订计划。

（五）评估与反馈

制订了具体的实施策略之后，看似职业生涯规划的步骤到此结束，其实则不然，评估与反馈是我们达到预期目标，圆满完成规划的另一大保障。正所谓计划赶不上变化，制订的实施策略并不是一成不变的，而是应当结合外界各种影响因素的改变而随时进行调整。

比如2008年的金融风暴，据有关报道统计，在2008年金融风暴来袭后，很多毕业生纷纷启动自己的应对措施，除了求职之外，将考公务员、考研、当兵、自主创业等纳入了自己的备选项，以此重新规划自己的人生。2009年国家公务员考试通过审核的报名人数创纪录地超过了105万人，比2008年增加了20多万人，各职位平均竞争比例超过78∶1，与上一年60∶1相比，大幅增长。还有一部分学生选择放弃就业，期望考上研究生躲避金融风暴的影响。另有部分学生经过认真思考、比较自己的优势劣势等，准备自主创业，打造一番属于自己的天地。

由此可见，在职业发展的道路上，理想与现实脱节，目标与外界环境不符等情况时有发生，只有客观理性地分析现状，随着外界各项因素的改变随时调整方案，才可

能获取成功。

二、大学生涯规划制订的误区

大学生正处于人生发展的关键阶段，必须面对许多关于未来发展的重大抉择。对职业生涯发展方面的茫然使大学生经常受到焦虑、目标与兴趣模糊不清、学生角色投入不足、缺乏学习动机、学业成绩偏低等现象的困扰，他们在职业生涯规划中也存在诸多实际问题。大学生在制订职业生涯规划过程中，需要免除盲点和误区，以免影响大学生未来的职业生涯发展。

（一）认为职业生涯规划无用

有的大学生认为，自己尚处在学习阶段，未来有太多的不确定因素，因此现在做职业生涯规划为时过早。这种想法造成的后果是学习无目的性，荒废了宝贵的学习时光。其实对于生命中个人无法掌握的因素，应以一颗平常心冷静地应对。大学生应该明白，拥有一个明确的职业目标方向是非常必要的，进行职业生涯规划就是要对我们所能做到的事情全力以赴，机会总是青睐那些有准备的人。

（二）认为理想就是目标

现在大学生中不乏各种各样的职业理想，如有的人希望成为明星，有的人希望成为科学家，有些人希望成为世界首富……不少人相信“不想当将军的士兵不是好士兵”这句话，都以将军为目标。其实，在现实生活中，将军的位置很少，如果大家的目标都是当将军，那么这种主观愿望和客观条件产生的差距，会使你在执行计划时产生许多挫折。大学生有了职业理想，不等于就有了目标。理想是我们追求一个结果的最终体现，职业理想更多地表现为某个具体的职位。目标是我们在实现职业理想过程中的阶段划分。只有把宏大的职业理想转化为一个可实现的具体目标，我们的职业理想才会得以实现，否则，宏大的职业理想只能是职业空想。因此，大学生存判定职业前程时，一定要从实际出发，职业生涯规划要切实可行，莫把理想当目标。

（三）认为行业就是岗位

许多大学生的求职目标经常会这样写：石化设计研究院、制造企业、石油石化行业等。这种把行业当作职业的大学生没有核心竞争力，他们在求职时把希望更多放在了“广撒网、捞大鱼”上，以为这样机会就更多，实则用人单位都不知道他能够做什么，又何谈机会呢？行业和岗位是不同的概念，行业是最大的国民经济因素，而岗位是大学生要效力的具体职位，大学生的就业是面向具体岗位的。因此，大学生需要围绕企业目标或者岗位目标进行职业生涯规划，就是要了解具体岗位的工作内容，不断

提升自己，以胜任工作要求，进而持续发展。

（四）认为知识就是能力

知识是一个社会分工的特定领域系统集成的理论知识及方法，表现为你知道什么，理解什么。能力则是借助知识解决实际问题的一种智慧，通常表现为你会做什么，能做好什么。大学生通过学习掌握了一定的专业知识，也掌握了一些解决实际操作的方法，并不是说就具备了解决实际问题的能力，能够在工作中运用所学的才是能力。如果你所学专业并非你从事的，那无论你的专业知识学的多么好，它都不是你的能力，不能减少你与岗位要求的差距，更不要指望用你的专业知识来打造你职业理想的核心竞争力。

因此，大学生在进行职业生涯规划时，不要把自己所学的专业当作求职的砝码，要先看看你所学的专业是不是你喜欢的，是不是对应你的职业目标。同时，大学生不仅仅局限于自己的专业领域，很多能力在不同的职业领域都是通用的，重要的是你的综合能力而不是一个特殊职业领域的能力。

（五）忽略个人品德、心理素质的培养

在当今教育和资讯都比较发达的时代，企业的用人标准也发生了很大的变化，应聘者的人品成为企业选择员工的一个重要条件。可是，许多大学生在规划自己的未来时，只注意了知识和能力，却忽视了个人道德修养和心理素质的培养，导致自己与一些好的机会失之交臂。因此，大学生存进行职业生涯规划时，一定要注意培养良好的道德修养和健康的心理素质。

（六）认为兴趣就是职业

职业是我们赖以生存的方式，兴趣爱好则是我们享受生活的方式。一个人对某种事物感兴趣。就会产生接近这种事物的倾向，并积极参与有关活动，表现出乐此不疲的极大热情，并使人的探究和认识活动染上强烈的、肯定的情绪色彩，从而使这种活动为人所接受和喜爱。选择职业是一种社会活动，必然受到一定社会因素的制约，任何人选择职业的自由都是相对的、有条件的，如果择业脱离社会需要，就很难为社会所接纳。在现实社会中，有些大学生喜欢将兴趣当作职业目标，其实在职业发展上，喜欢是一回事，胜任是一回事，选择又是另一回事。

兴趣爱好并不等于职业目标。在进行职业生涯规划时，是应该将兴趣爱好作为选择职业的重要因素，但不是唯一因素。一个好的职业生涯规划要针对社会需要、专业特长、兴趣能力等方面综合考虑。大学生都有自己的专业，每个专业都有一定的培养方向和目标，这应该成为大学生职业生涯规划的依据。一旦兴趣爱好与专业职业不统

一，人生三角平衡就会被打破，就要忍受工作中的更多寂寞和孤独，就会加速对工作的怠倦感，并去寻找另一种平衡方式，否则你的心理将不堪重负。

（七）认为自己的命运掌握在别人手里

在职业生涯规划过程中，有的学生在关系到自己未来发展的问题上不能自己做主，总希望有人能替他做出最后的选择。然而，每个人的成长环境、家庭经济条件、父母的社会地位、文化背景、个性类型、价值观、能力、职业生涯目标、父母的期望、对成功的评估标准都不尽相同，因此，不同的人对自己的职业生涯规划也必然不相同。个人职业生涯规划必须由自己主导，无论是老师、父母、朋友都无法替代，只能由自己根据实际情况来客观地进行规划。

（八）对自己过分肯定或否定

大部分大学生对自己缺乏一定的认识，对当前职业的发展趋势、职业类型、内涵和职业素质要求也缺乏一定了解。这些情况直接导致了一部分学生对自我评估不准确。自我评估的目的就是要找到自己的优势和不足，可是许多人在评估的过程中会过分的肯定或者否定自己。前者会让规划者好高骛远，盲目自大；后者会让规划者看不见自己的优势所在，不断地从自己身上找缺点，认为自己一无是处，从而失去信心，缺乏自信的人，其事业是难以成功的。

（九）认为成功就是幸运

很多人坚信成功者来源于好的机会，因此，他们被动地等待命运的安排，而不去主动地计划经营，努力把握自己的生活。这种把成功当幸运的行为导致的结果大多是一旦不成功便早早放弃，被拒绝和挫折打垮了信心。其实，能带来成功的往往是努力，而不单单是运气，如果大学生能够提前意识到可能遇到的问题，将有助于他们更好地处理问题。这一次没成功，没关系，继续努力，也许下一次努力，下一个面试就是你所期待的新工作的起点。如果你能成功地化问题为经验，再坚持下去，也许成功就离你不远了。

（十）机械、不懂得变通

刚出大学校门的大学生通常思想比较单纯，在他们眼里，似乎一切事物都应该像有标准答案的考试一样，客观地评定优劣。因此，对事物的认识会形成非黑即白的机械的观点，在制订职业生涯规划时难免会出现一锤子打死的心态。主要表现在一些人忽视了职业选择的弹性原则，总认为一个人只有一个职业最适合自己，对于那自认为最适合自己的唯一职业也是抱着从一而终的信念，故此放弃了许多其他的宝贵机会。

此外，还有一些人在职业生涯规划时，处于一种静止看问题的思维定势中，他们认为既然已经规划，那以后的学习和发展都必须严格按照当初的规划进行。甚至对自我的认知和环境的认知也停留在某一个阶段，他们认为初次制订的规划是永久有效的，而忽视了规划尺度内变化的原则。对于大学生个体来说，应该时时进行信息更新，进行自我认知和环境探索，这样既可以增强规划意识和自我管理意识，也可以顺应时变，及时做出正确的与时俱进的规划方案。

延伸阅读

从《中国合伙人》看大学生职业生涯规划

《中国合伙人》是2013年上半年由中影集团出品的一部电影，讲述了成东青、孟晓骏和王阳等为代表的一代人奋斗历程的故事。由于紧密结合时代背景、语言风趣幽默、故事曲折动人，引起了许多大学生的共鸣。片中，三人从入大学时的激情澎湃、青春四射，到毕业初期的迷茫失落、压力极大，再到三人重聚的兄弟齐心、分工奋进，通过演员们的精彩刻画都表现得淋漓尽致。这些情节对于当代大学生群体进行职业规划、具有特别的借鉴作用。

一、知己

无论处在什么阶段，需要做什么事情，第一步都需要深刻认识自己（知己），影片中，成东青刚进入大学的时候，一直缺乏自信，原因在于经历中确实缺少闪光的地方，不仅两次高考落榜，而且英语成绩很烂，甚至当旁人都想去美国时，他的梦想是去天安门。然而时过境迁，若干年后，不善言辞的成东青取代曾经滔滔不绝的孟晓骏，真正成为那个“希望有一天会让我嫉妒的人”。此时，成东青依然清楚地知道自己不想要什么，依然自认为自己就是一个“土鳖”。

二、知彼

很多时候，生活、工作不如意，不是因为我们不够优秀，而是因为我们不了解外在的环境。成东青由于想去适应“外面卖茶叶蛋的都比自己赚得多”的大环境，从做家教开始，逐渐在校外私自办培训班，终于触犯了工作单位的红线，被开除。这就好比大学生初入职场的时候，通常都会经历大学到职场的过渡期，期间特别容易出现不适应的情况，比如，企业文化不认同、企业纪律不执行等。这种情况从根本上找原因还是没有真正认识到外在环境的重要性；不是环境去适应我们，而是我们应该主动适应环境。

三、目标

不同的选择，造成了明天的不同。影片中，对待留美签证，王阳因为卢西而主动放弃，孟晓骏成功签过，成东青则一次次失败。孟晓骏自入大学以来，一直以留美为

目标，有了这个目标，他的大学生活一直有个主心骨，一直知道自己想要什么，不想要什么。反观成东青和王阳，大学生活，甚至刚毕业的几年，一直是得过且过的生活状态。对照大学生，太多的同学大学几年稀里糊涂，到了快结束的时候才明确自己毕业后做什么，可这时间却不等人了，匆忙工作后，仍然找不到自己想要的生活，于是匆忙就业、跳槽、失业、再就业。

通常，目标分为短期目标、中期目标、长期目标和人生目标。成东青毕业后的表现证明了稳扎稳打，步步为营，不断实现小目标积累成大目标的成功。从初始的家教，一对一的教习；到私自在外办小型培训班，面对十几个学生；再到 KFC 办培训班，几十人规模；接着租场地兜售梦想，几百人甚至上千人的规模；最后上市，成为全国颇具影响的教育集团。这非常值得大学生学习，初入职场时，就应该有个梦想，想成为一个什么样的人，然后确定分阶段的目标。

四、执行

梦想是什么，就是一种坚持让你感到幸福的东西。失败并不可怕，可怕的是你害怕失败。这样励志的话语在电影中比比皆是。事实确实如此，如果孟晓骏停留在“年轻人你还年轻，而他一辈子只能留在这里”这个阶段，没有去付诸行动，一直留在美国坚持自己的所谓美国梦，就不会有后来的新梦想三人行。同样，大学生从不缺乏想象和目标，缺少的一直都是行动和执行。所以，为了实现自己的目标，必须行动起来，从身边开始，对人真诚，待事认真；遇到挫折，不气馁；遇到困难，迎难而上，努力实现自己的就业大目标。

思考与练习

如何制订自己的职业生涯规划实施方案？

第六章　成为更好的自己

——大学生职业生涯规划的评估与优化

小Z，女，22岁，学历本科。

基本情况：西北农林科技大学毕业，国际会计系应届生。

同学评价：刻苦、有上进心、性格坚强、学习能力强。

个人职业目标：高级财务经理。

面临问题：

收到英国某大学的offer，学行政管理专业，同时收到四大会计师事务所之一的普华永道的offer，作审计师，小Z必须做出选择。先留学或先就业？

职业设计意见：先就业，去普华作审计师，然后再选择合适的机会出国深造。

设计理由：

小Z原本希望出国进修工商管理类课程，但国外大学对申请工商管理类专业的学生都有工作经验要求，所以最后只收到了行政管理专业的offer。小Z学会计，喜欢商务，对行政组织兴趣不大，若为能一时出国而放弃原有兴趣并不明智。专家认为：先工作或先出国其目的都应该是为了将来有更好的职业发展前景，违背个人兴趣和职业理想而求得一时出国，为出国而出国，从个人职业发展看并不可取。

从职业发展考虑，普华位列国际四大会计师事务所之一，有完善的培训计划，良好的工作氛围，规范的工作机制，对职业技能发展大有好处，出国学习行政管理硕士一年课程之所获专业资质资历和在普华工作一年之经历技能积累相比，前者在职业市场上之价值未必比后者高。

普华是专业的国际性会计师事务所，审计工作与小Z大学所学基本对口，且小Z性格特点勤奋刻苦，事业心强，意志坚定，加上名牌大学毕业生的综合素质，保证了小Z在工作中必会有所表现。

从小Z职业目标定位于高级财务经理一点看，小Z具备会计专业学历资质和专业技能，但缺乏作为高级财务经理所必须具备的专业管理知识，小Z希望学工商管理类

课程的想法是正确的，为一时出国而放弃原本计划并不合乎长远的职业发展。

国外工商管理类硕士课程要求申请者具备一定工作经历，小Z先工作后出国正合乎要求。且高级财务经理必须具备的另一大重要要素就是丰富的专业工作经历，所以，先工作，积累工作经历，也是在为职业理想作铺垫。

第一节　职业生涯规划的自我评估

在制订职业生涯规划时，由于对自身及外界环境都不是十分了解，最初确定的职业生涯目标往往都是比较模糊和抽象的，有时甚至是错误的。经过一段时间的成长后，有意识地回顾自己的言行得失，可以检验自己的生涯定位与生涯方向是否合适，从而为自己找到合适的发展方向。

目前我们经常听到“先就业，再择业”的说法。许多学生因为不了解自己，也抱着这种想法，随便找了家单位就工作了。工作一段时间后才发现自己并不喜欢，也胜任不了这项工作。这是因为，抱着“先就业，再择业”想法的人，很可能导致盲目地为了找一份工作而找工作，缺乏理性的选择和思考，更谈不上长远的规划，这样做的后果往往是人职不匹配，直接后果就是我们经常看到的频繁换工作，三五年后仍然业绩平平，结果耽误了职业发展的宝贵时间。因此，对这部分人来说，生涯规划的反馈与修正就变得更加重要。

在大学生职业生涯规划实施和运行的时候，由于每个人的自身条件和外部环境不一样，对未来目标的设定也有区别，并且不可能对未来外部情况了如指掌，对自己的一些潜在能力也可能了解得不够深入，这就需要在实施中不断根据反馈进行规划修正，使之更符合当时的客观环境。同时，要充分认识与了解相关的环境，评估环境因素对自己生涯发展的影响，分析环境条件的特点、发展变化情况，把握环境因素的优势与限制，结合本专业、本行业的地位、形势以及发展趋势，对生涯目标与策略等进行取舍与调整。

影响职业生涯规划的因素有很多，有的因素是可以预测的，而有的因素则是难以预料的。在此情况下，要使生涯实施方案行之有效，就需要时时审视内外环境的变化，不断地对职业生涯规划进行评估，以调整自己发展的步伐。

一、职业生涯规划评估的内容

一般来说，生涯规划的评估都可以归结为自我素质和行为对现实环境的适应性判

断，分析自己的现状，特别是针对变化的环境，找出偏差所在，并做出修正。职业生涯规划主要包括五方面。

1. 生涯机会重新评估

结合现实的社会、经济、行业及组织环境来分析自己未来的发展空间及可能性。随着时间的推移，我们周围的环境也将发生改变，可能会给职业生涯发展带来新的可能性，使得当初设定的生涯规划目标和实施策略变得不适合。

2. 自我条件重新评估

在实践的基础上，重新认识、分析自我，找到自己的不足和优势，进一步对物质自我、社会自我、心理自我进行比较、分析。

3. 生涯实施策略的变更

重新调整、变更生涯实施策略，进一步发挥自己的长处、特长，弥补自身的不足。

4. 职业生涯目标重新修正

任何一个行动计划在实施之后都可能出现以下几种情况：第一，目标基本完成；第二，目标轻松完成；第三，目标没有完成。“目标基本完成”说明目标设置合理，实施方案合适，行动得当；“目标轻松完成”说明目标设定太低；“目标没有完成”则可能是目标设定太高，或者目标合理但行动方案不合适，或者目标和行动方案都配套，但行动力不足。

5. 通过评估来进行反馈修正

这不仅是职业生涯规划的最后环节，更要确立新一轮的目标，开始下一个职业生涯规划的循环。

二、职业生涯规划评估的原则

1. 全面性

反馈与修正应当全面。既要看到自己的优点和特长，又要看到自己的缺点和不足；既要对自我某一方面的特殊素质进行具体评价，又要对其他各个因素的整体素质进行综合评价；既要考虑到全面的整体因素，又要考虑到其中占主导地位的重点因素。反之，任何一种片面的、孤立的、不分主次的评价，都不可能全面而正确地反映自己的整体素质状况。

2. 适度性

评价应该适度，不能矫枉过正。既不要过高地评价自己已取得的成绩，也不能因为某些挫折而过分悲观。过高的评价往往使自己脱离现实，意识不到自己的条件限制，甚至自傲狂妄，由自信走向自负；过低的自我评价，往往忽视自我的长处，使得缺乏

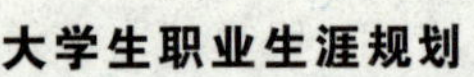

自信，过于自卑。过高或过低的自我评价，对自己都是不公正的，对重新选择职业都将产生极为不利的影响。

3. 发展性

反馈与修正时，应以发展变化的眼光看待原先制订的职业生涯规划的目标、策略。世间万物都不可能是静止不变的，我们不但应当对自己的现实素质、现有的生涯目标、生涯实施策略、生涯机会等做出适当、全面、客观的评价，而且应当着眼于未来的发展变化，预见性地反馈与修正。

4. 客观性

反馈与修正还应当掌握客观性的原则。尽管是自己对自己进行观察、分析和评价，但毕竟需要以客观事实作为基础和依据。要努力克服和排除自身因素的限制及干扰，才有可能使自我反馈与修正趋于客观和真实。

三、大学生职业生涯评估方法

PDCA 原本是美国管理学家戴明提出来的质量管理理论。PDCA 即计划（Plan)、执行（Do)、检查（Check)、行动（Action）的首字母组合。

1. 计划（Plan)

一个职业生涯成功的人，在其每个职业阶段中应该都有明确的目标，才能一步一个脚印，从低阶职位迈向高阶职位。刚毕业的大学生对其第一份工作肯定有自己的憧憬，但是造化弄人，一个看似好的计划其结果证实并不一定成功。计划的制订必须符合实际情况，不能太高也不能太低，太高了打击士气，太低起不了激励作用，不利于自己进一步成长。如何才能制订一个好的计划呢？首先要对自己有个全面正确的认识，即所谓的“知己知彼，百战不殆”。

2. 执行（Do)

好的计划归根到底在于执行。对于“行”，从古至今有很多的说法：言行一致、讷于言而敏于行，说的就是“行”的重要。行动贵在坚持，这其实是非常困难的一件事，也就是常言讲的“说着容易，做着难”，许多人都懂得行动的重要性，但能持之以恒坚持下来的人很少。执行不能坚持很大的原因在于当初制订的计划不切实际，比如，自己本身的长处在销售，但偏偏希望在技术方面有所发展，这会让自己非常痛苦，在追求技术的道路上也不能走得更远；在职业生涯的某一阶段，我们所制订达成目标的行动必须是让我们感觉到快乐的，有兴趣的，同时也是比较合理的过程，这样我们才能坚持到底。

3. 检查（Check)

检查计划实施的结果与目标是否一致。对于检查，需要确定时间点和标准两个因

数。通常某阶段生涯规划的大目标下分为几个子阶段，其每一个子阶段都可以作为一个检查点。检查的标准以当初设定的计划为目标的，如果完成了计划，那么执行便是成功的，相反就不成功。

每个有志于掌握自己命运的人，在工作了一个阶段之后，都会拿现在的自己和过去的自己、拿自己和别人、拿现状和理想做个比较，都会反省一下自己今天所做到的与自己的理想还有多远，也可以了解一下自己的选择和努力是否让自己满意。通过不断地“自检”及时发现问题、解决问题，这是走向进步不可缺少的反省过程。

4. 行动（Action）

行动就是在对以往行动的结果进行检验的基础上，纠正错误，调整方向。对于不成功的目标进行判断，检查是计划有问题还是执行有问题，如果计划有问题，就应当调整计划进入一个新的 PDCA 循环，如果执行有问题，应该分析自己在时间、精力、金钱上的投入是否充足，方法上有没有问题。

四、大学生职业生涯评估的注意事项

为保证工作的顺利进行和职业生涯目标的实现，职业工作者还必须具备明确的目的意识、问题意识，这也是评判其工作方法是否有效的重要标准。在进行职业生涯评估时，同样要具有目的意识、问题意识和改善意识，以引领我们在通往目标的道路上走得更好。

1. 目的意识

目的意识就是行为主体对行动目的的认知。我们经常会看到某些人所做的很多事情与最终目标没有多大关系。这样的人工作可能很卖力，但是在衡量一个雇员的工作业绩时，要看其目标的实现程度与其投入成本的比较，而不是只看他的工作量。比如，安排一批人出去参加培训，学习国际工程合同管理方面的知识，那目的是什么？目的就是要通过学习，完善我们自己的工程合同管理。如果这样的话，那对培训结果的监控就非常重要，大家回来不仅要写心得报告，而且报告中要注明你根据学到的内容准备下一步怎么改进你的工作，改进哪些方面的工作。做到这点还不够，因为写报告心得是个人行为，必要的时候要把它变成一种组织行为，要沉淀落实到组织的制度和流程层面。

2. 问题意识

个体在认识活动中经常遇到一些难以解决或疑难的问题，并产生怀疑、困惑、探索、焦虑的心理，这种心理又促使个体积极提出问题、解决问题。这就是说，要不断地反思自己工作当中的问题，哪些做法有欠缺、有不足。这是因为：你收集的资料不可能完全准确、齐全、客观。此外，判断本身就是一个主观行为，有可能存在偏差。

事物总是在发展变化之中，有些突发因素不是出现在制订计划之前，而是在实施计划时影响目标的实现。

当前的职场环境也使具备问题意识变得十分必要。职场竞争日益激烈，生涯机会来之不易，而且市场瞬息万变，如果没有问题意识可能就要付出沉重的代价。凡是可能出现的问题一定会出现，而且事物的发展有其必然性。如果具备问题意识，也许就能够预先发现问题，并预测它的严重性，以便及时修正计划。如果在做准备工作时，具备强烈的问题意识，会让你做更缜密的思考，督促你采取预先防备的步骤。

3. 改善意识

改善意识是指找问题相对容易，但问题找到后，一定要去改善。特别强调一点，那就是企业持续改善的能力。

第二节 职业生涯规划调整的方法

一、目标度量法

大学生职业生涯目标是生涯规划的核心，它对于大学生职业生涯规划的成功具有直接的帮助。生涯目标中的短期、中期和长期目标一旦确定，就形成了非常具有操作性的度量生涯规划实现的标准，调整的方法也就是直接锁定在现实目标实现和生涯目标之间纠偏的动态过程中。

二、局部调整法

从大学生职业生涯规划的实施基本步骤和方法来看，每一个环节都可能直接影响到前后生涯规划的实施效果，如果设定的目标不适合自己，长期目标和短期目标相脱节，目标缺乏弹性或制订的太容易或太难；确立的志向和自我评估有偏差；对生涯规划机会的把握不准确；对职业的选择把握不好；职业生涯规划路线的选择有问题，制订的具体行动计划和方案可操作性较差等。

这些在执行的过程中都需要根据不同的情况进行局部调整。不过，局部调整的过程往往会“牵一发而动全身”，但更进一步准确把握每一个环节，确保生涯规划向总体目标前进是大学生生涯规划调整中的一个最普遍使用的方法。

三、重新规划法

有时大学生对生涯规划的基本概念把握不够，具体的职业生涯规划的步骤和方法应用不熟练，导致所制订的规划方案完全脱离了自身实际，“牛头不对马嘴”时，则需要彻底调整，也就是重新规划。这种方法不建议多次使用，以避免“常立志而不立长志”为规划而规划的教条主义。

四、过程评估法

科学地制订职业生涯规划固然重要，然而，如果从人生发展的角度来看，计划设定的内容，人们心中所期望和梦想的事情，在现实中不一定都能够有效实现，这并不意味着职业生涯规划的失败，它提醒大学生职业生涯规划制订和实施的过程更加重要，在这个过程中，大学生对自我的全方位了解、对职业环境的深度探索、对决策方法与技巧的掌握、阶段性目标的制订等环节对大学生长期地发展都有着不可估量的价值。大学生应该对这些环节进行重点评估。认真对待，必须认识到相应能力的培养更重要。

未来的长期计划是以综合考虑各方面的因素做出的决定，具有一定的客观性和科学性。在没有确实发现自己的长期目标有重大偏差的时候，不应该三心二意，随意改变自己的决定。

特别应注意的是，大学生应该尽量将调整的对象放在中短期，注重改善自己的学习计划和学习方法，使自己的路线与长期目标尽量一致。

第三节 大学生职业生涯规划的修正

大学生在职业生涯规划进程中，无论是社会、组织环境，还是自己，都会经常发生变化，其中很多变化是难以预测的。这些不确定因素的存在可能会使实际结果偏离原来的规划目标，这就要求我们应时时注意内外环境的变化，不断地审视自我，不断地调整自我，不断地修正策略和目标，这个过程就是大学生职业生涯规划的评估与修正的过程。

大学生进行职业生涯评估与修正的根本目的就是让自己时刻保持最佳状态，在通向最终目标的生涯道路上跨越障碍，走得直，走得快，走得稳，谋求可持续发展。

一、职业生涯规划修正的内容

大学生要使职业生涯规划行之有效，就需要对其规划进行反馈与修正。修正的内容包括：自我重新分析；职业生涯目标的修正；职业生涯路线和职业的重新选择；实施措施与计划的变更等。

大学生为了对自己的职业生涯规划做出有效的修正与评估，通常要更深一层地回答下列问题。

人们认为我值得这么干吗？我有机会展示自己的长处吗？我能做出一定的贡献吗？我的才能会受到赏识吗？

这个工作将给我提供一个测试自我的机会吗？我真的能胜任这项工作吗？我能顶住有关的真实情况所造成的压力吗？我将如何应付这个工作给自己带来的焦虑和紧张？我擅长这项工作吗？我喜欢它吗？

我在组织中的成员资格会符合自己的理想、强化个人的自我意向吗？我会为自己与这种职业或组织结构融为一体而感到骄傲吗？

我会取得一种均衡生活吗？我有时间满足家庭和个人的乐趣吗？职业会向我提出力不从心的要求吗？

当然，职业生涯规划一旦制订，就不要轻易改变，在遇到一些不确定因素的影响时，我们一般只对短期规划和中期规划做些调整，人生规划与长期规划的调整一定要慎重地考虑。

二、职业生涯规划的修正对策

1. 做好成长规划并积极参加训练

大学生在大学阶段的成长是顺利就业、成功创业的基础，合理地规划自己的大学生活，制订切实可行的大学期间成长计划，对每一位大学生而言都非常必要。合理的职业生涯规划会加快大学生在校期间的成长速度，有利于职业竞争力的快速提升。要尽可能多地参加各种层次的成才、成长培训和训练，从而不断提高自己各方面的能力。

2. 树立成功意识

当代大学生是国家发展的后备动力，受到社会各界的关注和重视，往往有时候期望与抱负的差异使得许多大学生存在不同程度的焦虑和抑郁心理，如果一个大学生想要在学业上、事业上有所建树，首先必须具有克服心理差异的能力，强烈的事业心和进取心必不可少，所以当代大学生是否具有强烈的成功意识显得至关重要，在职业生涯规划中，只有愿意成长、希望成才、渴望成功的人才有可能自觉地规划自己的人生，并走向成功。

3. 积极参加探索、实践、实习

自我探索、自我规划、自我成长、自我完善的理念至关重要。在这种理念指引下，大学生能够积极、主动地投入各种成长活动中。

社会实践和职位实习是大学生了解社会的有效途径，通过社会实践和职位实习，大学生能够对社会的政治、经济发展趋势有直观的了解和理解，对社会、对人才的素质要求有直接的认识，有利于大学生根据社会需要有计划地塑造自己，避免学习的盲目性。通过职位实习，大学生还能够更加清楚社会职业分类及职位变化，清楚不同职位对自己的意义所在，有利于大学生在就业过程中正确定位，顺利毕业，成功创业。

4. 寻求有效帮助

大学生就业是一个综合性的问题，涉及国际国内宏观就业环境、经济结构调整、劳动力市场、教育结构调整和改革等诸多因素。目前，大学生就业越来越受到社会、学校、家长和大学生的关注，在必要时可以寻求有效的支持和帮助。这些支持和帮助可以来自亲朋好友，也可以来自老师、学校，还可以来自一些专业机构的专门人员。

回望职业变迁

在几年前，小区里经常会来一位年过半百的磨刀师傅，每过一定时间就推车转悠，“磨刀喽”，左邻右舍就拿出自己家的刀来，一天，到楼下和这位老人聊了几句。“现在像你这样磨刀的不多了吧?”“是啊，我呀再干几年就不干了。”“是不是磨刀补锅的职业快消失了?”“管它呢，我也干不了几天了。”

这位老师傅也许不知道，在国家1999年公布的《职业分类大典》中，早已没有了磨刀补锅这一职业。其实，在不知不觉中，大家原来熟悉的一些职业在消失、萎缩，而在此时，又有大量的新职业出现。许多新鲜的名头开始越来越多地写进中国人的名片——婚姻规划师、精算师、留学顾问、网络编辑员、网络模特、驯兽师、代驾、厕所导入员等。

思考与练习

(1) 职业生涯规划评估的内容有哪些?

(2) 简述大学生职业生涯评估方法及注意事项。

(3) 在从业初期调整职业生涯规划的原因主要有哪些?

第七章　完善我的职业路线

——大学生职业生涯规划书撰写技巧

案例解读

王志东职业生涯的三次规划

王志东，中国IT界的名人。他所创造的新浪传奇，更是中国互联网史上最伟大的奇迹之一。不过，新浪也只是他职业生涯中一个精彩片段而已。

从最初名噪一时的新天地公司，到新浪网，再到现在的北京点击科技公司，未满38岁的王志东经历了三次蜕变，这也是他所规划的职业生涯的一道轨迹：从一个优秀的程序员，到一名职业经理人，再演变为一位充满传奇色彩的创业家。

王志东从上学期间就对电子类科学技术相当敏感，并且产生了浓厚的兴趣。他在中学期间的一次教学仪器比赛中就获得过一等奖。后来他考中北大，毅然选择了无线电电子学系，他很清楚，这是他未来的职业领域和方向。从北大无线电电子学系毕业后，王志东成为中国硅谷的一名自由软件工程师，以软件奇才扬名业内。

1989年，他进入北大方正集团从事开发工作。不久就独立研制出国内第一个实用化Window 3.0，被选为北大方正当年七大成果之一。第二年他转入北大方正负责产品二次开发与新产品研制工作。

两年后，王志东凭借自己的技术，开始立志创业，1992年4月，他与同学决定创办一家电子信息公司——新天地电子信息技术研究所，他任副总经理兼总工程师，独立研制成功“中文之星”中文平台软件。

1993年年底，得到四通集团500万港币投资，王志东创办四通利方信息技术有限公司，职业方向没变，他是在不断拓展行业领域。

经过六年的深耕，于1998年四通在线完成了与英国华渊资讯的合并，王志东正式创办新浪，2000年4月新浪在纳斯达克上市。

然而新浪高层内部出现矛盾，王志东受到董事会排挤。2001年6月，王志东离开了新浪。当时他有很多种选择，先休息半年，出去“镀金”或者当职业经理人，也有人让他干脆写书做广告，他花了一个月的时间来想这个问题：离开新浪之后，最适合他的是什么事？

当时王志东在问自己一个问题，现在有没有一件事情特别想做，要是不做的话，会后悔或者放不下。于是王志东决定创办“点击科技”。有了新天地和新浪的经验之后，王志东的这次创业非常谨慎，至今点击科技所有的问题基本上都没有超出当初的预计。

王志东认为，每个人都要按照自己的特点去创业，自己的三次选择，业务内容完全不一样，才有现在这个结果，“如果我离开新浪后，再做网站，不仅没有挑战性，也很难成功。创业不能随波逐流，也不能认死理，要善于学习，善于突破自己。”

从北大方正到新浪，再到点击科技有限公司，王志东在自己的职业生涯中一路走来，不断思考和规划自己的职业前途，虽然有过低谷，却也不断创造出更多的辉煌。

第一节　职业生涯规划设计的撰写

一、大学生职业生涯规划撰写步骤

大学生已经接受了高等教育，有较高文字功底和文学水平，设计并写作出自己的职业规划方案并不是一件难事。精心撰写一份实用而又有效的职业规划方案显得十分必要，日后需要经常拿出来，参照它来进行评估、调整。

撰写大学生职业生涯规划应遵循以下几个步骤。

（一）自我认知与定位

自我认知与定位是个人职业生涯规划的基础，也是能否获得可行的规划方案的前提，可以通过自我评价、他人评价和人才测评来完成。自我评价主要是自己进行冷静的自我审视、自我思考，为自己作出一个比较客观的评价；他人评价主要是通过询问他人对自己的看法、让他人填写调查问卷或座谈等形式获得；网上或书上提供的测评工具进行人才测评是现今比较科学的自我认识方法之一，受到人们的肯定。通过自我认识、他人评价和网上人才测评可以清楚自己的职业兴趣、职业能力、个人特质、职业价值观、胜任工作的能力，以此为依据选择合适的职业和决定职业路线。一篇成功的职业规划方案，必定是人职匹配的。

（二）职业环境分析

每个人的职业生涯都必须依附于组织环境的条件和资源，必然受到一定社会、经济、政治、文化和科技环境的影响。环境提供或决定着每个人职业生涯的发展空间、发展条件、成功机遇和前进的威胁。编制个人职业生涯规划之前必须认真进行环境分析。可以通过访谈、文献搜索、调查等多种形式，对自己的家庭环境、学校环境与自己理想职业相关的社会环境、行业环境、地域环境、企业环境、职业环境进行分析。这一步不可忽略，否则，职业规划方案就没有根基。

（三）确立职业生涯目标

职业生涯目标指出了大学生个人未来职业发展的方向，是职业生涯的方针和纲领，因而职业生涯目标的确立是职业生涯规划的核心。职业生涯目标的确立应当建立在自我剖析、环境认知和自我定位的基础上，做到符合自身特点、符合组织和社会需求，注意长期和短期相结合，协调统一职业目标、生活目标、家庭目标等。

大学生应该首先确立一个适合自己的长远目标，确立职业理想。在此基础上，确定大学期间的学业目标，制订大学期间的学习计划。再分解制订学年计划、学期计划，而后再细化为切实可行的短期计划——月、周、日的计划。学年、学期计划和短期计划务必具体、切实可行，应包括实现计划的步骤、方法与时间表等。

（四）制订行动方案

一份有效的职业生涯规划必须有确实可行的行动策略。具体的、可行性较强的行动方案会帮助学生一步步走向成功，进而实现目标。在确定职业生涯目标后，就要制订相应的行动方案来实现它们，把目标转化成具体的方案和措施。

制订行动方案，要考虑的主要问题包括：为达到目标，在专业学习方面要学习哪些知识，掌握哪些技能，提高哪些实际操作能力；在实践方面，应采取哪些措施来提高工作效率，需要累积哪些实践经验；在能力提升方面，通过哪些措施来提高何种能力等。这些要点都要有相应的表格进行跟踪，以便定时进行检查和纠偏。

对大学生来说，这一步骤中最重要的是与职业选择相对应的教育和培训计划的制订。对于已经制订的计划，要认真思索并采用途径去实现它，尽自己最大努力做得更好。比如，对某方面的专业知识，是选择系统学习，还是咨询专家，听讲座，再或是参加社会实践，力求寻找出最有效的方案。方案的制订因人而异，因专业和学科而异，因环境而异，必须视具体情况做出具体分析，切不可照搬他人或书本上的方案。

（五）撰写职业生涯规划方案

职业生涯规划方案的撰写要建立在以上工作步骤所形成的基础之上。工作充分、信息充足才可动笔写作，不能急于求成。近年来，经过数以万计的大学生对职业生涯规划设计的实践，经过众多职业指导老师的辛勤探索、无数专家的反复研究，基本归纳出了一个通用型职业生涯规划设计模板，可供参考。但撰写时还应结合自身具体情况有所调整、有所创新。

二、大学生涯规划书的撰写

职业生涯规划书的撰写有利于大学生进一步明确自己的目标，合理规划大学生活，主动适应社会发展对大学生的要求。

（一）职业生涯规划书的撰写特点

1. 价值的实用性

职业生涯规划书不是用来装点门面的，而是紧密结合自身的特点和外部环境对自己未来发展道路进行计划和安排的一种书面文件。实用性是职业生涯规划书的本质属性，其他属性都是由实用性派生出来的。职业生涯规划书的实用性体现在两个方面：一是通过职业生涯规划书，能够梳理自己未来打算的思路，以及深刻分析做出此种打算的原因；二是通过职业生涯规划书，明确自己的奋斗目标，同时形成为之付出努力的行动纲领。

2. 内容的真实性

为了使自己的职业生涯规划切实可行，职业生涯规划书必须真实地分析自身的兴趣爱好，能力特长、性格特点、家庭条件等方面的因素，并结合目前社会形势来确定自己的发展方向和奋斗目标。只有坚持真实性原则，制订的职业生涯规划，才能够密切联系实际，才能使提出的具体措施真正付诸实践。内容的真实性要求职业生涯规划书不允许夸张，更不允许虚构，这是由职业生涯规划书性质决定的，内容不真实的职业生涯规划书，不仅毫无使用价值可言，而且还会误导自己，影响个人职业生涯发展。

结构的模式性，约定俗成的模式是在职业生涯规划的实践中形成的，由于它符合职业生涯规划的基本原理，显示出它的优势，才逐渐被推广开来，以致被作为科学的写作知识加以总结和介绍。比方说，职业生涯规划书不论采用条例式、表格式、复合式还是论文式，都离不开自身分析、环境分析和职业选择这三个核心。这种结构的模式性，提高了职业生涯的实用效率。按照职业生涯规划书的规范模式写作，能使职业生涯规划的制订者写作更加简便快捷，运用起来一目了然，对照自己的行动更加直观。

3. 语言的平实性

职业生涯规划书的语言应该朴实、简洁、准确，忌讳使用华丽的语言。它要求用平实的语言，准确地描述出个人的特点，客观地分析自身的优势和劣势，结合外部环境，

做出恰如其分的判断，根据缜密的分析进行职业定位。因此，职业生涯规划书应条理清楚，开门见山，就事论事，多用说明，少抒发个人情怀，多用直笔，少旁征博引。

（二）职业生涯规划书的撰写过程

职业生涯规划书的撰写过程是规划者根据自身的需要，针对具体情况建构文书编制自始至终所经过的这个过程。这个过程主要包括确立撰写目的、安排内容结构、收集信息并展开分析、拟稿和修改等几个步骤。

1. 确立撰写目的

撰写职业生涯规划书最根本的目的是帮助自己全面客观地了解自己、了解社会，根据兴趣爱好、能力特长、性格确定自己的发展方向和目标。职业生涯规划书的制作首先就是帮助自己分析环境及自身优势劣势，明确个人的职业目标，为自己未来的职业选择和抉择提供依据和参考。很多学校、社会机构之所以组织职业生涯规划的比赛，其实也是为了唤醒大学生的职业意识，增强大学生的危机感，推动大学生就业。但是值得注意的是，很多大学生制作职业生涯规划书，完全是为比赛而比赛，只顾场上表现好而不顾是否真实有效。其实，职业生涯规划书首先是服务个人的职业生涯规划，其次才是服务于参赛需要，如果仅仅只是为比赛而撰写职业生涯规划书，显然是本末倒置。

2. 安排内容结构

内容结构的安排应该服务于制作目的以及个人的实际需要，可繁可简。简单的职业生涯规划书其实是一个计划书，主要是对未来发展目标的安排和打算，宜采用表格式或条例式结构。复杂的职业生涯规划书强调通过分析与论证确立职业目标，宜采用论文式结构。但不管是简单的职业生涯规划书，还是复杂的职业生涯规划书，都可以包括以下几个部分。

（1）自我认知。主要是根据个人家庭条件、受教育情况、身体素质、知识能力水平、个性特点、兴趣爱好等各方面因素分析自身在未来职场竞争上面临的优势劣势。

（2）外部环境分析。主要按宏观经济形势、社会环境、就业状况、行业及企业特点展开，为自己进行恰当的职业选择奠定基础。

（3）职业目标定位。主要通过一定的决策方法确立个人的职业发展目标。

（4）职业生涯发展路线及策略。根据个人的职业生涯发展目标，建立职业生涯发展路径，并列出相应的行动计划，使职业目标的实现有一定的现实保障。

（5）职业生涯的评估与修正。随着环境的变化及个人认识水平的深化，个人可能遭遇的职业危机或转机留有变通余地，根据职业生涯发展的实际情况进行调整。

3. 收集信息并展开分析

不论是了解自己，还是了解社会，都要在掌握大量资料、事实、数据的基础上进

行。因此，收集信息并展开分析是职业生涯规划的关键环节，也直接决定着职业生涯规划是否切实可行，是否真实有用。收集信息的渠道主要有以下几个方面。

（1）互联网。互联网上关于社会、职场的新闻是了解外部环境的重要窗口，能够为外部环境分析提供有效信息支持。但互联网上也充斥着一些虚假信息，利用互联网上的信息时必须有一定的鉴别力，进行去粗取精、去伪存真。

（2）书籍文献。书籍是人类进步的阶梯，是知识、经验的总结和概括。一些职业指导方面的书籍文献能够帮助大家了解职业生涯规划该如何实施。

（3）测评软件。一些心理测验的软件，如 16PF、MBTI 能够帮助我们更好地了解自己，深化对自己的认识。

（4）身边的人。有时候“当局者迷、旁观者清”，自己身边的人（父母、教师、朋友、同学等）的评价，最能反映自己的个性特点。但以上信息的使用不应该孤立使用，应该合理充分整合。

4. 撰写和修改

在前期大量准备的基础上，可以根据自己确定的思路，草拟职业生涯规划书。撰写的过程要注意以下两点。

（1）不要写写停停，要尽可能一气呵成。应当集中一段时间撰写，力求一次性完成，这样才能使自己的分析思路连贯、条理清楚。

（2）要注意强化语言的表意功能。要尽量缩小语言和所表达内容之间的差距，做到用词准确精当。在句式方面，尽量选用短句、肯定句。职业生涯规划书撰写好后，需要反复推敲，经过思考后，进一步修改完善。职业生涯规划书一经撰写好后，就需要采取有效的行动去一步一步地实现。因为规划再好，如果没有具体行动，仍然是一纸空文，或者纸上谈兵。正如歌德所言：“仅有知识是不够的，我们必须应用，仅有愿望是不够的，我们必须行动。”

（三）职业生涯规划书撰写的格式和内容

1. 职业生涯规划书撰写的格式

在遵从一般应用文写作规律的前提下，职业生涯规划书的格式可以不拘一格。职业生涯规划书的常见格式有表格式、条例式、复合式、论文式。

（1）表格式。表格如果设计得当，可以很好地包含所有分析与论证的全部过程，而且清楚明白、一目了然。但也有很多采用表格式的职业生涯规划书只是作为日常警示使用的个人发展计划实施方案表，只包含最简单的目标，分段实现时间、职业机会评估和发展策略几个项目。

（2）条例式。这种格式的规划书具有职业生涯规划的主要内容，但大多数只有作

简单的表述，没有详细的材料分析和评估，文章精练，但逻辑性和说理性不强。

（3）复合式。复合式的规划书就是表格式与条例式的综合。综合运用表格式和条例式的优点，使规划书具有较好的适应性和实用性。但复合式的规划书结构比较复杂，设计不好，容易给人凌乱的感觉。

（4）论文式。最完整的职业生涯规划书通常采用论文式。论文式的职业生涯规划书能够对一个人的职业生涯规划做全面、详细的分析和阐述，是一份研究自己未来发展道路的可行性分析报告。

2. 职业生涯规划书的内容

职业生涯规划书是对职业生涯规划的书面化呈现，不仅能梳理大学生的宏观职业生涯规划，还能对具体的学习和工作起到指导和鞭策的作用。一份完整、翔实的职业生涯规划书，既是深思熟虑的考量，又是人生奋斗的见证。按照参加职业生涯规划设计大赛的作品标准，职业生涯规划书的主要内容应包括以下几点。

（1）封面。封面注意作品的名称，可以在封面插入图片和警示格言，署上姓名和年月日。封面用较厚实的纸张打印，既可以给人以庄重感，又可以增进文本的耐磨性。

（2）扉页。包括个人姓名、籍贯、年龄、性别、学历层次、专业、所在单位、通信地址、联系方式等，也可以在扉页放入个人照片。

（3）目录。介绍职业生涯规划书的主要内容构成，同时反映自己的分析思路和整体框架。

（4）自我分析。包括对家庭因素、学校因素、自身条件及个性、兴趣爱好、能力特长及发展潜力等方面的测评结果。自我分析过程中，应该有对自己职业生涯产生影响的一些人的评价和建议。

（5）外部环境分析。包括对政治环境、经济环境、法律环境、职业环境和组织环境的分析。对外部环境的分析可以适当地取舍，突出职业环境和组织环境，分析完成以后应该有一个简单的总结。

（6）职业目标的定位。根据自己对外部环境和自身特点的分析，确立职业发展方向，结合自己可能面临的职业发展机会并评估，做出职业选择和职业决策。

（7）职业发展路径。职业发展路径是将职业目标按照时间段的划分而做的层层分解，并根据每个阶段的特点，提出具体可行的实施办法。

（8）职业生涯的评估和修正。对于职业发展状况按照一定的时间周期进行评估，并根据评估的结果修正自己的职业进程和阶段目标，同时预计职业生涯可能出现的危机，并进行危机干预准备。

（9）结束语。最后对职业生涯规划的整个过程进行总结，对未来进行展望。同时坚定个人发展的信心。

第二节　职业生涯规划设计及注意事项

一、职业生涯规划设计

职业生涯规划设计即是职业生涯规划书的撰写。职业规划书的基本内容包括封面、目录、正文、结束语四大部分。

（一）封面

封面一般由基本信息、职业规划撰写的时间与励志短语等内容组成。

1. 封面示范

职业生涯规划设计书

姓名：
性别：
年龄：
籍贯：
身份证号码：
学校及学院：
班级及专业：
学号：
联系地址：
邮编：
联系电话：
E－mail：
职业规划书形成时间：　　年　　月　　日

2. 封面设计提示

如果我们设计的职业规划书要与同学交流，封面的个人基本信息要详尽；如果仅作个人收藏，个人信息可简写，但职业规划书形成的时间不能漏，时间的记录对日后的职业生涯管理、评估和修正都有作用。封面还可以插入与主题相关的励志短语（如

规划人生成就未来）和图片，使职业规划书更具内涵和美观。

（二）目录

目录一般包括以下内容：

1. 序言（前言）

2. 自我认知

2.1　职业生涯规划测评

2.2　橱窗分析法

2.3　360°评估

2.4　自我认知小结

3. 职业认知

3.1　外部环境分析

3.2　目标职业分析

3.3　职业素质测评

3.4　SWOT 分析

3.5　职业认知小结

4. 职业生涯规划设计

4.1　确定目标和途径

4.2　制订行动计划

4.3　动态分析调整

4.4　备选规划方案

（三）正文

按上述目录分别提出以下要求。

1. 序言（前言）

要求：主要抒发个人对职业规划意义的理解。做职业生涯规划设计的前提是对职业生涯规划有深刻的认识。

例如：在就业压力日趋激烈的今天，一个良好的职业规划，无疑能给自己的未来职业发展奠定坚实的基础，能给自己在未来的竞争中增加一份自信。而如今，身为大学生的我们，在这人生发展的重要阶段，不能任时光虚度，而应努力充实自己，为自己的明天储备必要的知识和能力。未来掌握在我们手中，抓住这宝贵时光，为自己的未来之路设定一个前进的方向。不断迈进，相信我的明天一定会很美好。

2. 自我认知

（1）职业生涯规划测评结果。要求：如果运用网络测评软件进行职业生涯规划测评，在职业规划书上应充分采用测评报告中的图表来体现测评结果，这样会一目了然，较为直观（图 7-1、图 7-2）；如运用书本的测评量表进行自我测量，则要求学生自己按指导语进行测量、总结、对照等，最终得出测评结果。

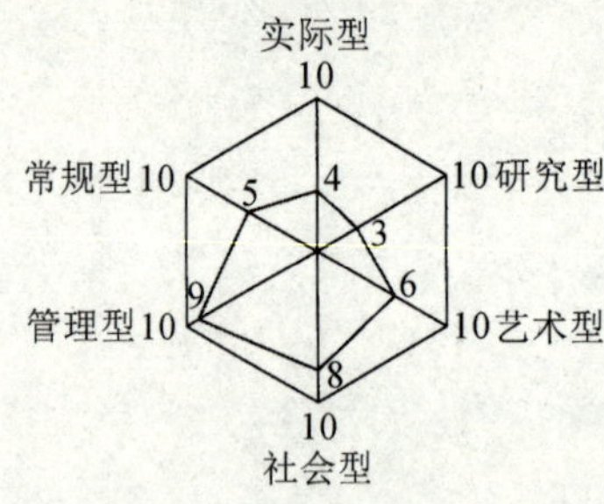

图 7-1　职业兴趣测评结果

能力类型	分数
言语能力	7
数理能力	8
推理能力	8
资料分析能力	3
人文素质	7

图 7-2　职业能力水平构成图

（2）橱窗分析法。

橱窗 1：“公开的我”。

橱窗 2：“隐藏的我”。

橱窗 3：“潜在的我”。

橱窗 4：“背脊的我”。

（3）360°评估（表 7-1）。

表 7-1　360°评估表

项目	优点	缺点
自我评价		
家人评价		
老师评价		
亲密朋友评价		
同学评价		
其他社会关系评价		

（4）自我认知小结。

自我认知小结提示：综合自我评价、他人评价和测评结果进行概括性的小结。

例如：

"我是什么样的人？"——我是一个事业心强，注重个性发展的人。

"我喜欢做什么？"——我喜欢从事能充分发挥个人能力的项目性质的工作。

"我适合做什么？"——我适合从事与组织、策划、协调相关的工作。

结合上述所有分析：我希望在毕业后从事某项策划工作。

3. 职业认知

（1）外部环境分析。

①家庭环境分析。

②学校环境分析。

③社会环境分析。

④目标地域分析。

（2）目标职业分析。

①目标职业名称。

②岗位说明。

③工作内容。

④任职资格。

⑤工作条件。

⑥就业和发展前景。

（3）职业素质测评。

提示：运用网络测评软件测量的，可充分采用测评报告中的图表来体现测评结果；运用书本测评量表自我测量的，应按指导语进行测量、总结、对照等，最后得出测评结果。

（4）SWOT 分析（表 7-2）。

①我的优势（Strengths）及其使用。

②我的弱势（Weaknesses）及其弥补。

③外部机会（Opportunities）及其利用。

④外部的威胁（Threats）及其排除。

表 7-2　SWOT 分析

内外部因素	外部机遇：Opportunities	外部挑战：Threats
内部优势：Strengths	优势—机遇：SO	优势—挑战：ST
内部劣势：Weaknesses	劣势—机遇：WO	劣势—挑战：WT

（5）职业认知小结。

4. 职业生涯规划设计

(1) 确定目标和途径。

①近期职业目标。

②中期职业目标。

③长期职业目标。

④职业发展途径。

(2) 制订行动计划。

①短期计划。

②中期计划。

③长期计划。

(3) 动态分析调整。

评估、调整我的职业目标、职业途径与行动计划。

(4) 备选规划方案。

提示：由于社会环境、家庭环境、组织环境、个人成长等变化以及各种不可预测因素的影响，一个人的职业生涯发展往往不是一帆风顺的。为了更好地主动把握人生，适应千变万化的职场，拟定一份备选的职业生涯规划方案是十分必要的。

(四) 结束语

要求：对整篇职业生涯规划书进行一个总结，同时体现出自己对未来工作的决心和信心。

例如：通过这次职业生涯规划，我有生以来第一次思考自己是一个什么样的人；第一次思考我适合从事什么样的职业；第一次思考我的未来会是什么样的；第一次思考我的人生该如何规划。

人生有很多的抉择，一次次，当我们面对一个路口，面对一个拐弯，面对社会的筛选时，我们都要正确认识自己，看清自己的优势以及劣势，学会控制自己，做好自己，相信自己。路在心中，由我们掌握；路在脚下，靠我们选择！

二、职业生涯规划设计注意事项

(1) 职业没有高低好坏，只有适合与不适合。只要符合自己的兴趣、人职匹配，而且自己能完全胜任的职业就是好职业。职业伴随人一生的时间，倘若从事自己不感兴趣的工作，将无法坚持下去。

(2) 选择具有较高效度和信度的人才素质测评软件进行测评。人才素质测评是了解自我的理论依据之一，对自我的分析仅凭自我认识及他人评价还不够全面，缺乏足

够的理论依据。正确的做法是将自我认识、他人评价和人才素质测评结果有机结合，形成较为全面的自我认知，据此设定的目标其信度才较高。

(3) 制订的职业目标要具有合理性。要综合自己的兴趣、特长、能力、社会需要等各方面的因素考虑，目标的设定不能脱离现实（图 7-3）。要认清兴趣与能力，能力与社会需求都是存在一定差异的，我们所要做的是要在这诸多因素中找一个结合点。将自己的经历经验、专业技能、兴趣特长都有机地结合起来，这样的职业目标才会有生命力。

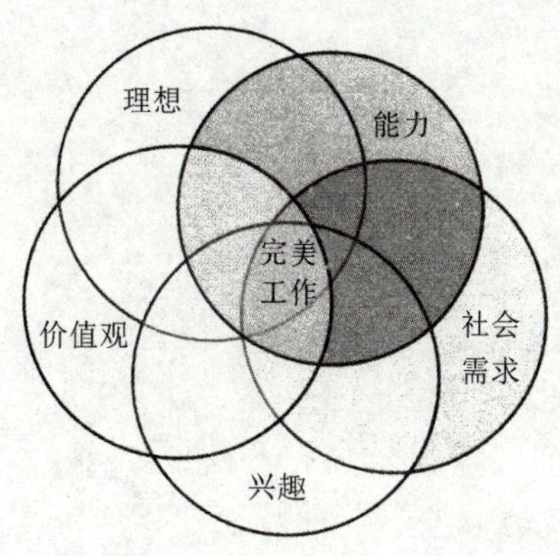

图 7-3 合理制订职业目标

(4) 措施要有可行性。针对职业目标制订的措施一定要具有可行性，这是评价职业规划书的一个重要部分。最好制订出长期、中期、短期计划，并拟订详细的执行方案和时间限制。高年级的同学可将重点放在就业五年内的职业规划；低年级的同学可将重点放在大学生涯的规划上，但都应突出为职业发展所做的准备工作。

(5) 如果职业规划书要在同学中交流，无论是行文的风格、叙述的方式、文案的设计等，都应体现自己的风格和特色：切忌大量抄袭职业测评报告结果，可多引用测评结果中显示的图表，这样更直观。

(6) 职业认知是职业规划中确定职业目标的重要环节。不少大学生仅依赖在互联网上搜寻职业信息，这样的职业认知不够全面。应该增加社会实践、见习和实习，让职业认知更具可行性。

人生规划了，不一定成功；但人生不规划，一定不能成功。只要我们通过科学的职业生涯规划，在人生的航程中，朝着既定的目标，扬起职业之帆，迎风劈浪，定能驶向成功的彼岸。

例文

职业生涯规划书

目录

(备注：目标与本书中介绍的体例不冲突，为写书所需。)

前　言

莎士比亚说："人生就是一部作品，谁有生活理想和实现的计划，谁就有好的情节和结尾，谁便能显得十分精彩和引人注目。"

我们生活在一个浮躁的时代，新旧文化的冲击，加之观念的更新，使我们卷进一股股浮躁的旋流之中。浮躁使我们骛趋新奇，却忽视了对人生真谛的思索；浮躁使我们不能平静地暗访自己的心灵，仔细审视自己的位置、严肃思考我们的未来。如果不知道自己的行为目的何在，不明了自己的人生将走向何处，我们就势必在人生的大道上迷失自己。犹豫不定、疑惑茫然使我们陷入苦闷，但生活不应该是浑浑噩噩的，每个人来到这个世界上都自有独属于他的使命，诚实地思考人生不应该被浮躁的心态淹没。我们——当代青年，应该做诚实思考的一代，规划未来的人生之路，为自己打造锦绣的前程！

有目标，人生才不盲目；有追求，人生才有发展的动力！设计职业生涯，就是我们为了将理想人生转化为现实人生而做的精心准备。这份职业生涯规划将自我认知和职业分析相结合，比较科学、客观。它也许并不完美，但是一个适合我的设计。

……

一、自我认知

（一）基本资料（略）

（二）职业生涯测评

在专业测评网站——××网得出的测评报告

1. 职业兴趣

职业兴趣类型顺序（表 7-3）。

表 7-3 职业兴趣类型及得分

类型名称	得分	类型解释
社会型	7 分	为人热情，擅长与人沟通，人际关系佳
管理型	6 分	乐观主动，好发表意见，有管理才能
常规型	4 分	忠实可靠，情绪稳定，缺乏创造力，遵守秩序
艺术型	4 分	思维活跃，创造力丰富，感情丰富
研究型	3 分	思维缜密，擅长分析，倾向于创新
实际型	2 分	做事踏实，为人安分，不擅长社交

职业兴趣类型结构（图 7-4）。

2. 个人风格

(1) 助人：为人热情，乐于助人。

(2) 易于合作：具有合作精神，人际关系较好。

(3) 擅长社交：喜欢与人打交道，善于表达自己，擅长理解他人，社交能力强。

(4) 有洞察力：对人际关系敏感，对人、事、周围环境的洞察力强。

(5) 责任感强：较关心社会问题，对社会、自己所从属的群体、他人等均有责任心。

（6）重友谊：重视与朋友之间的感情，朋友在其生活中显得很重要，尽力与他们之间保持联络。

（7）有说服力：说服能力强，擅长语言表达，逻辑清晰，具有感染力。

实际型
10
10 研究型
10 艺术型
10
社会型
管理型 10
常规型 10
2
3
4
7
6
4

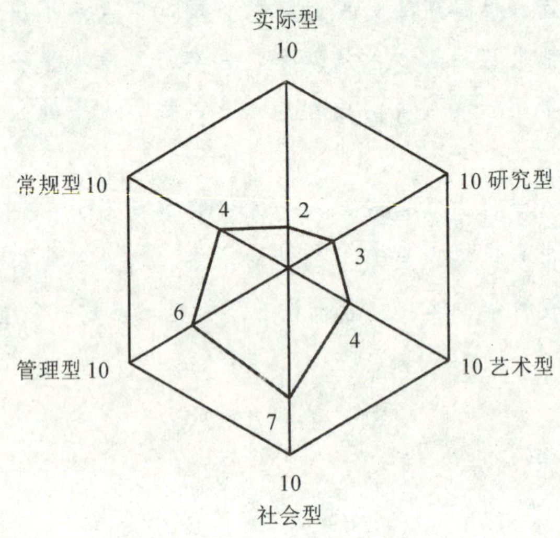

图 7-4　职业兴趣类型结构

3. 职业个性特征

关心社会的公正和正义，责任感强，具有较强的人道主义倾向，社会适应能力强。通常善于表达，善于与周围的人相处，喜欢处于集体的中心地位，喜欢通过与他人讨论来解决存在的难题。不喜欢需要剧烈身体运动的工作，不喜欢与机器打交道。

4. 职业能力（图 7-5）

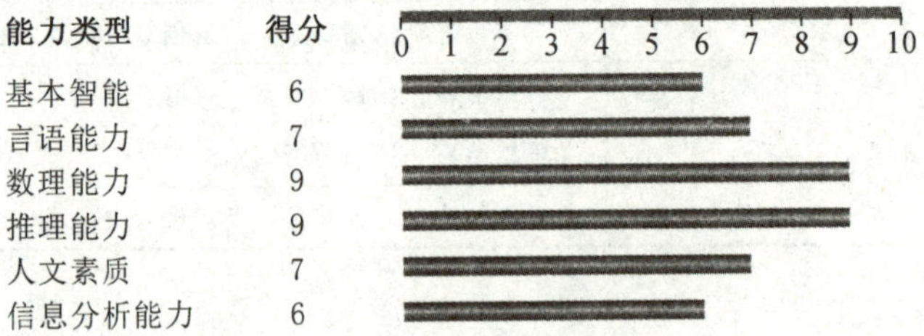

能力类型
得分
0 1 2 3 4 5 6 7 8 9 10
基本智能 6
言语能力 7
数理能力 9
推理能力 9
人文素质 7
信息分析能力 6

图 7-5　职业能力

职业能力水平的高低可以有效地预测人们的职业成就，反映一个人的待人处事的能力。只有较好的职业能力水平，才能适应现代社会的迅速发展、激烈竞争和高管理水平的需要。

职业能力水平对普通人员或一般性工作效率的影响见表 7-4。

表 7-4　职业能力水平对工作效率的影响

职业能力水平	工作效率
职业能力水平很高	必须安排在智能作业中
职业能力水平较高	工作效率很好
职业能力水平一般	工作效率一般
职业能力水平较差	工作效率较低
职业能力水平很差	工作效率很低

职业能力水平对管理人员或专业性工作效率的影响见表 7-5。

高职业能力水平是优秀领导者的必要条件。调查统计发现，作为领导者，职业能力水平要求在中上水平；一般管理者能力在中等偏上水平；而职业能力水平较低者，可以担任基层管理，但在竞争中则可能处于劣势。

表 7-5　职业能力水平对管理效率及专业成就的影响

职业能力水平	管理效率或专业成就
职业能力水平很高	可成为高级管理人员，并取得较好成绩
职业能力水平较高	可成为公司中高级管理人员，并取得一定的成绩
职业能力水平一般	能够胜任初级管理工作
职业能力水平较差	适于一般性工作
职业能力水平很差	不适于管理工作

5. 职业价值观

价值观是指个人对客观事物及对自己的行为结果的意义、作用、效果和重要性的总体评价。职业价值观就是个人对不同职业进行评价的心理倾向体系，它探讨人们在职业选择和职业生活中，在众多的价值取向里，优先考虑哪种价值。

由于个人的身心条件、年龄阅历、教育状况、家庭影响、兴趣爱好等方面的不同，而每种职业也有各自的特性，因此，不同的人对职业特性的评价和取向是不同的，这就形成个人职业价值观的差异。由于这种差异，人们在就业方向和具体职业岗位的选择上。甚至在具体工作的投入上都会因此而受到影响。

6. 个性特征（图 7-6）

<table>
<tr><td rowspan="7">以事为王</td><td rowspan="3">独立</td><td colspan="5">步调快、独断、直接、外向</td><td rowspan="3">讲关系</td><td rowspan="7">以人为王</td></tr>
<tr><td>支配型</td><td>支配影响型</td><td></td><td>影响支配型</td><td>影响型</td></tr>
<tr><td>支配服从型</td><td>支配稳健型</td><td>支配影响稳健型</td><td>影响服从型</td><td>影响稳健型</td></tr>
<tr><td rowspan="4">喜支配</td><td></td><td>支配稳健服从型</td><td></td><td>支配影响服从型</td><td></td><td rowspan="4">爱助人</td></tr>
<tr><td>服从支配型</td><td>服从影响型</td><td>影响稳健服从型</td><td>稳健支配型</td><td>稳健影响型</td></tr>
<tr><td>服从型</td><td>服从稳健型</td><td></td><td>稳健服从型</td><td>稳健型</td></tr>
<tr><td colspan="5">内向、间接、保守、步调慢</td></tr>
</table>

图 7-6　个性特征

（1）综合特质。

①非常独断。

②采取直接有力的行动或迷人的社交手腕。

③人生目标明确并有完成的决心与毅力。

④试图取得支配权。

⑤期望受到真心的尊重与喜爱。

（2）能力优势。

①勇于挑战。

②在困难环境中茁壮成长。

③承担风险以获得成功积极主动。

④充满冲动与活力。

（3）人际关系。

①社交能力强。

②极具说服力。

③展现迷人的魅力。

④面对压力则变得严厉。

⑤外向且步调快。

⑥面对问题不怕冲突。

⑦不推诿退缩。

（4）激励因子。

①工作与生活都有成就。

②不喜欢原地踏步。

③喜欢具有困难度的挑战。

④远大的目标与企图。

⑤不断朝目标前进。

7. 基于测评结果的职业生涯规划

（1）与职业兴趣相适应的职业特征：从事更多时间与人打交道的说服、教育和治疗工作。

（2）与职业能力水平相适应的职位定位建议：较符合中高级职位的要求，工作效率高，并能取得较好的成绩。

（3）与职业价值观相适应的职业特征。

①经营取向的工作。

②才能取向的工作。

③志愿取向的工作。

（4）与个性相适合的职场特点：希望有舞台，得到掌声；与人互动接触，能发挥口语表达能力；工作气氛愉快。

（5）综合职业类别定位。

根据职位胜任原理、人岗匹配的原则以及测评结果，将提供与自己的职业兴趣、职业能力水平、职业价值观、职业个性等相适应的职业类别。需要提醒自己注意的是在不同企业文化中，即使同样的职位，工作内容也会大相径庭。在应聘工作时除了工作名称之外，自己更应该深入关注工作的具体内容及相应的企业文化。

近期职业目标：导游，发行主管，房地产代理商，房地产营销人员，房地产中介，跟单员，航空运输服务人员，家教，节目主持人，前台接待/礼仪/接线生，社区服务，行政助理，演艺经纪人，演员，银行接待员。

中远期职业目标：导游，发行主管，房地产策划人，房地产开发，房地产投资开发商，教育教学单位负责人，节目主持人，新闻广播员，新闻撰稿人，行政事务人员，行政助理，演艺经纪人，演员，银行接待员，总编。

（三）自我认知

1. 职业兴趣——喜欢干什么

我的具体情况是：喜欢从事与人接触的工作，关心社会问题，乐观主动；喜欢校园里富有青春气息的工作环境，喜欢按照计划有规律地安排工作，追求稳定的工作环境，不喜欢变动。

2. 职业能力——能够干什么

我的具体情况是：具有较扎实的专业知识技能，善于进行组织管理，比较擅长与人沟通交流；自身发展较全面，人文素质的水平较高，工作能力较好，创新能力和机械操作能力较差。

3. 个人特质——适合干什么

我的具体情况是：我适合在人群中表现自己，发挥个人的才干，获取他人的认同感。胆汁—多血质混合型气质，精力旺盛，果断直率，兴趣广泛，适合从事社会型工作。具有激情，善于思考，权欲意识较淡薄，不适合权欲争斗激烈的工作环境。

4. 职业价值观——最看重什么

我的具体情况是：很看重自身才干是否得到发挥，在工作生活中是否实现个人的人生价值，关注他人和社会对自己的评价与看法，关心社会问题，热心公益事业，力求用社会所宣扬的道德标准和评价尺度来要求衡量个人对他人和社会的贡献程度。

5. 胜任能力——优劣势是什么（表 7-6）。

表 7-6　优势能力及弱势能力

我的优势能力	我的弱势能力
绝不坐以待毙，会抓住机遇主动出击；乐观积极，对工作有较高的忠诚度和稳定性；善于观察学习，并从失败中吸取经验，不断改进	与他人的协调配合能力不强，有时没有自己的主张；社会经验太少，抗压和应变能力不够；有时可能太冲动，考虑问题不全面，做事较马虎

（四）360°评估（表 7-7）

表 7-7　360°评估

能力评价	我的优势能力	我的弱势能力
评价分类	优点	缺点
自我评价	勇于挑战，不怕失败，乐观，自信	冲动，做事急躁，没有恒心
家人评价	从小就不让家人操心，很听话	有时候脾气很坏，也不跟我们说话，越来越懒了
老师评价	很有上进心的一个女孩，蛮有灵气	社会经验太少，有时候会害羞怯场，做事不够细心
亲密朋友评价	很好相处的一个人，很开朗，也很关心朋友，是一个很好的倾听者	有时会太活跃，过于强势，给周围的朋友带来压迫感

续表

能力评价	我的优势能力	我的弱势能力
同学评价	敢于挑战，很活跃，比较会讲话	不够稳重，生活步骤太快，有时容易冲动
其他社会关系评价	吃苦耐劳，对工作很负责任	比较健忘的一个人，做事不够有耐心

自我分析小结：

我是一个对生活满怀热情、积极乐观、主动进取的人，大多数时候对生活的感觉是幸福的。有表现欲，喜欢与人交际，对自己的认识比较透彻，对自己的定位也比较客观。对自己的人生有憧憬和规划，但缺乏恒心和毅力，有时会比较情绪化，影响工作效率。自制能力较差，无外力约束时，很容易沉迷于某物，兴趣广泛，但不持久。

（五）气质分析表（表 7-8）

表 7-8 气质分析

气质特性	被认为是长处	被认为是短处
凡事追求合理性	富有理性，较为理智，能正确分析、认识事物	冷漠、薄情，过分想得开，把事情看得太淡
擅长批判、分析	思想敏锐、机智，为人风趣、诙谐	凡事好论长批短，好刺伤他人感情
有献身社会的愿望	社会责任感强，服务精神较好	不够谦虚，具有功利心，较为自傲
善于调整人际关系	办事周全，为人可靠，工作能力强，较为公正	好迎合他人，巧于周旋
为人随和，具有亲和性	待人亲切，对他人关心，为人办事可靠	易受他人左右，自主性不强
重大问题上好听取他人意见	处事慎重，有民主作风	决断力不足，不能委以重任，不可依靠
善于控制自己的感情	沉着冷静，感情始终如一	缺乏激情，缺少人情味，过于呆板

续表

气质特性	被认为是长处	被认为是短处
在家庭里情绪无常，反复多变	具有激情，感情细腻	脾性怪癖，难以捉摸，具有双重人格，随心所欲
对他人多持有距离感，留有余地	待人公正，不搞亲亲疏疏，不拉帮结伙	待人冷漠，为人不开朗，不够义气
办事爽快，但持续性差	办事效率高，能掌握要领	缺乏毅力，虎头蛇尾
喜好空想	有理想，有灵感，有感情	孩子气、浅薄，脱离实际
兴趣广，但不沉溺	自制力强，兴趣广泛而好学上进	热情不足，钻研精神差，没常性
对经济生活态度较为理智	具有经营能力，生活能力强，对家庭具有责任感	计算太精，吝啬，不注重习俗
希望生活能得到最低限度的稳定	生活踏实，寡欲，安分守己	对私生活看得过重，保守，甚至个人主义
有避免力量争斗的倾向	和平主义，权欲意识淡薄	平庸无为，没有志气

（六）橱窗分析法

橱窗 1.“公开我”：平时我给大家的印象是个子矮矮的，不怎么爱打扮，穿着随便，总是笑脸迎人，大多数时候是富有朝气、积极上进的一个人。

橱窗 2.“隐藏我”：易情绪化，有时会比较敏感，为细枝末节的小事一个人在心里生闷气。

橱窗 3.“潜在我”：有时是自私的，爱幻想，有时会有些自我膨胀，自命不凡。

橱窗 4.“背脊我”：对人不够坦诚，有时急于求成，因小失大；比较孩子气。

（七）自我认知小结

好胜、好强，喜欢参与社会活动，生活有目的、有计划，喜欢在群体中赢得一席之地，获得他人的认可。能够吃苦，责任心较强，有社会良知。做事拖拉，社会和工作经验不足，与同学交流太少。没有经济意识和理财观念。学习总是缺少持久的动力。

二、职业认知

（一）外部环境分析

1. 家庭环境分析

我出生于××市一个普通的农民家庭，父母均在家务农，家庭经济收入主要来源于父亲的工作。目前家庭储蓄能支持我读完硕士研究生。我们家就我一个孩子，父母亲不要求我取得多大的成就，只希望我每天都过得很幸福。他们坚持要求让我考研，继续读书，提高自己的综合素质。父亲是高中文化，党员，高中毕业后自学参加成人

的大学考试，获得大学文凭。他非常重视知识的终身学习和吸收，自学照相、会计业务、电器修理、电路维修、保险业务等知识，生活态度很乐观。母亲初中文化，常年患有风湿、骨质增生等病痛，但生活态度非常积极，与乡邻关系非常融洽，一直很关心我的学习和生活。从小就要求我做农活，培养吃苦耐劳的精神。我与家里保持固定的联络，进行沟通交流，每周一次电话，每两个月一封书信。父母亲达观的和与人为善的生活态度耳濡目染地影响着我。

2. 学校环境分析

我就读于××师范大学，最近几年我校的办学方针是：办一所综合性、有特色的大学。在过去几年的招聘活动中，各中学反映我校师范生的教师技能水平整体下降。这引起了学校的关注，而且去年教育部就下达了要加强师范类学校的师范生技能培养的要求。本科评估至今，我所就读的社会历史学院加大了师范生专业技能培养的力度，也呼吁大家重视基本知识的学习。学校勤工助学部也积极为家境贫困的师范类学生提供家教岗位，并通过爱心家教等活动促进我们实践经验的积累及加深对教师行业的认识。但师大在扩招中忽略了对教学工作的重视，近年来全国各大高校都反映出本科毕业生整体素质下降的情况。若想在知识上取得更大的突破，需要到重点高校进行进一步的深造。

3. 社会环境分析

近年来，社会就业形势一直非常严峻。我们历史教育专业的本科毕业生，今年的就业率为97%，比较良好。如前言所述。国家开始重视师范生的教育，出台了许多政策，如选调、支教等，对于落实本科生就业是很有帮助的。据了解，现在全国各省、市、区、县的重点中学一般都要求本科学历以上，许多国家教育部直属的师范类高校的本科毕业和硕士毕业生与我们一同竞争，因此就业形势不容乐观。

4. 职业环境分析

(1) 行业分析。

当前教育行业的现状是：在各个经济发达的城市，特别是沿海城市有渐趋饱和的倾向，但是内陆及经济欠发达地区，各级各类学校对教师的需求量还是很大的。国家的政策鼓励大学生到基层工作，到西部去支教。各个中学历史老师的需求量不是很大，一方面这与学校的教学方针和要达到的升学目标有关，另一方面又与在任的历史教师的变动不大有关。这就要求去应聘的毕业生有过硬的技能，而且重要的是要在求职招聘中表现出色。

(2) 地域分析。

毕业后，我打算回到家乡××市工作。近年来，××市经济飞速发展，城市工业化和现代化进程不断加快。××市是一个比较重视文化保护与传承，注重发展教育的城市，教育事业非常发达。有几十所各级各类高等教育院校在这里建校办学，中小学

发展也很迅速。从我个人角度讲，如果能回到××市工作，对于收集各类信息，正确处理家庭与工作的关系非常有利。

(3) 企业分析（学校分析）。

学校是一个以系统培养人才和组织教育教学为目的的单位。学校的文化氛围较浓，要培养学生的科学知识、人文素养等，作为一个培育人才的教育机构，学校是永远不会被淘汰的，只会进行调整和改革，如目前全国大部分中学正在进行的课改。学校的工作氛围比较融洽和平，没有非常激烈的矛盾利益冲突，而且学生给校园带来了生气和活力，让整个工作环境显得比较轻松。

（二）目标职业分析

目标职业一：中学历史教师

中学历史教师的工作内容就是从事历史教学工作，抓好所在班级的升学率。有些担任班主任的老师，还要组织班级管理，处理学校的日常事务。这一工作要求从业人员要有较强的责任感，有敏锐的洞察力，擅长与学生和同事进行沟通交流，踏实工作，以身作则。这一职业很可能会向教育教学的单位负责人和行政人员方向发展。从班主任开始做起，以认真负责的态度对待工作，可以说这一行业的发展前景是很不错的。

目标职业二：

1. 目标职业名称

高级中学副校长（业务)。

2. 岗位说明

这个岗位的从业人员，需要具有良好的沟通交流和学习能力，富有责任心，工作热情高，富有团队精神。具有良好的语言表达能力、组织能力和教科研能力。

3. 工作内容

协助校长工作，分管教学工作；领导教务处开展工作；制订学校的教学工作计划；抓好教学常规管理工作；抓好教师业务培训工作。

4. 任职资格

具有本科以上学历和中级以上职称，具有高尚的师德和良好的教风以及扎实的教学基本功。在教育教学中坚持党的教育方针，具备教师任职资格，能做到既教书又育人。对中考、高考有一定的教学经验，从事中学教育教学工作五年以上的经历。

5. 工作条件

这一职业的工作条件较好，教育部及各级各类政府和学校都在不断提高教师的社会地位和工资水平，注重对教师的人性化管理，福利较好，工作环境较安定。

6. 就业和发展前景

高级中学的副校长，特别是分管业务的副校长，一般是从基层教师做起，积累多年的教学经验，并已担任中层及以上的干部职位。刚毕业的社会新人不可能担任中学副校长的职务，就业应首先以教师的工作作起点。这一行业和目标职业在中学教学和班主任工作中才能得到深入的发展。

（三）人职匹配分析

社会专业人士认为中学历史教师应具备的十大方面素养与个人兴趣、能力、个性、价值观的匹配分析。

(1) 崇高的敬业精神和职业道德：个人具有较强的责任心和工作稳定性，不喜欢跳槽。

(2) 与时俱进的教学理念：个人勇于挑战，主动出击。

(3) 扎实深厚的教研功底：在本科学习阶段，积极参与论文写作的训练，并对日常的生活、学习进行比较细致的观察思考。

(4) 开阔视野，广博的知识：兴趣广泛，活动参与的积极性高。

(5) 掌握全新的教学方式，积极实践研究性学习：较好地学习了教学手段和教学方法，密切关注课改动向。

(6) 能熟练运用信息化教学手段：已能较好地运用多媒体手段。

(7) 良好的语言表达能力：参与演讲与辩论比赛。在年级事务和社团活动中已训练出较好的语言表达能力。

(8) 较强的人际沟通能力：身边的人一般都认为我是个很好相处的人，比较喜欢与人交谈。

(9) 兴趣广泛，作风正派，仪表良好：用学为师范、行为示范的标准要求自己的日常言行。

(10) 对学生态度和蔼，有耐心，平易近人：关心年轻人的成长，愿意与他们一同分享成长的烦恼与喜悦。

（四）职业定位及 SWOT 分析

综合第一部分（自我分析）及第二部分（职业分析）的主要内容得出本人职业定位的 SWOT 分析（表 7-9）。

表 7-9　职业定位的 SWOT 分析

内部环境因素	
优势因素（S）	弱势因素（W）
自信、乐观，有干劲，对生活充满希望，个人综合素质和能力水平较高，有明确的生活目标	冲动，有时不够理智，做事不够稳重，比较马虎，没有持久的恒心和毅力
外部环境因素	
机会因素（O）	威胁因素（T）
有家庭经济保障和父母的全力支持。学校属师范类学校，在教师技能的培养方面比综合性大学有优势。国家重视师范生的培养	就业形势严峻，农村家庭出身对于我个人的就业不能提供实质上的帮助。专业对口的企事业单位很少，就业领域狭窄

我的优势（Strengths）及其使用：由于乐观、自信、有干劲，课余多利用参与社团活动和学生工作的机会，建立自己的人脉关系网，向他人学习经验，提升自己的能力。

我的弱势（Weaknesses）及其弥补：冲动、急躁、易情绪化，常使事情事倍功半。因此，要时常提醒自己应该冷静地分析问题，学习书法，每天慢跑，有意识地纠正急躁的个性。

我的机会（Opportunities）及其利用：在父母的全力支持下备战考研，排除一切杂念，继续深造，充实自己。密切关注国家教育政策对师范生的工作落实情况和帮扶动向，机动地调整自己的职业生涯计划。

我面临的威胁（Threats）及其排除：就业人数剧增，而社会需求量又有限，加上重点类院校毕业生对我们造成的竞争压力，就业形势相当严峻。我们应该化压力为动力，唯有提高个人的能力和素质，并在招聘面试时表现出色，才能获得较好的工作机会。为了加强个人素质，我决定本科毕业后报考北京师范大学的历史系研究生。

（五）职业认知小结

中学历史教师属社会型工作，教师需性格开朗，态度积极，喜欢服务和教育他人，关心学生，热爱本职工作。还应具备一定的教育教学水平和组织管理能力，并具备国家规定的教师任职条件及有教师任职资格证书。

中学历史教师的工作环境较好．工作条件随社会经济发展不断得到改善。

中学副校长（分管业务）应具有一定的管理才能和统筹全局的能力，善于组织配合，有一定的教学业务基本功和教科研能力。社会地位较高，工作条件好。

基于以上的分析，最终我确定了我的人生目标是：区（市）属高级中学特级历史教师及副校长。

三、职业生涯规划设计

（一）职业定位

职业目标计划与实施见表 7-10、表 7-11。

表 7-10　职业目标计划

职业目标	将来从事高级中学历史教师和中学分管业务的副校长职业
职业发展方式	进入到高级中学工作，到××市下辖市、区发展
职业发展策略	先走专业路线再转行政管理路线发展
具体路径	优秀本科毕业生→出色的具有较高综合素质的硕士毕业生→高级中学历史教员→中学一级历史教师及班主任→高级中学高级历史教师及教研组长→特级教师及副校长

表 7-11　计划实施一览表

计划名称	时间跨度	总目标	分目标	计划内容	策略和措施	备注
短期计划（大学计划）	2016～2020 年	大学毕业时取得学士学位，成为优秀的本科毕业生	大一时期要扩展自己的知识面和广泛阅读，加强专业知识的储备；学习在社团中工作和与人交往；大二时期要加强专业技能的培养，建立自己的人脉关系网；大三时期要储备一定的社会实践能力，学会统筹规划，组织管理团队；大四时期要能交出一份优秀的毕业论文，争取在省级刊物上发表，考取北师大历史系研究生	计划能通过努力学习，使专业成绩位列整个专业前 20%；系统掌握教学的能力；提升自己在多媒体运用、说课、片段教学等方面的职业素养；通过担任家教和参加课外实践活动来提高实际操作能力和组织能力	大一时期以适应大学生活为主；大二时期以专业学习和参与社团工作组织年级事务为主；大三时期以掌握专业知识技能和准备考研为主；大四时期以调整身心，充实自己和撰写毕业论文及考研为主	大学阶段职业生涯规划重点是抓好专业知识的学习。提高自身综合素质，努力考取北师大的研究生

续表

计划名称	时间跨度	总目标	分目标	计划内容	策略和措施	备注
中期计划（毕业后八年计划）	2020～2028年	以优异的成绩取得北师大的硕士文凭，毕业后参加××中学的统一招聘考试，成为职业新人。工作第三年当上班主任	研究生阶段要积累一定的社会经验．扎实掌握专业论文写作能力。职业新人阶段，逐步建立起自己的职场人际关系网。掌握教学技能，熟悉班主任工作	适应研究生的学习和工作环境、与导师、同学建立友好关系，利用闲暇时间做兼职，尽早适应职场。在就业后．增强职场适应能力，逐步在教学教育行业中积累三脉（知脉、人脉、钱脉）争取升迁机会	研究生第一年努力加强自身的专业知识储备，寻求社会实践的机会。研二开始着手准备硕士论文的资料收集和整理。研三动员亲朋好友和在××市的老师同学，收集中学的招聘信息，准备就业，撰写硕士论文	此阶段规划的重点以优异成绩完成学业，训练职场应变能力，积极探索教学方法。具备较为扎实的教学水平
长期计划（毕业后十年计划）	2028～2038年	基本实现职场目标，达到事业的高峰	取得高级中学历史教师资格证书，担任教务处主任	在安排好家庭和子女教育的前提下，尽量促进事业升迁，工作重心可以从教师岗位转向行政管理，保持健康的心态和体魄	在省级以上刊物发表关于教育教学的论文，争取评为省级以上的“优秀教师”“优秀班主任”等荣誉称号。参加省级以上教育行政部门举办的教师业务比赛，争取获奖	平衡家庭与工作的关系，在两者发生矛盾时，以子女的教育和家庭的和睦为首要考虑对象

（二）具体行动计划

1. 本科准备阶段（2016～2020 年）（图 7-7）

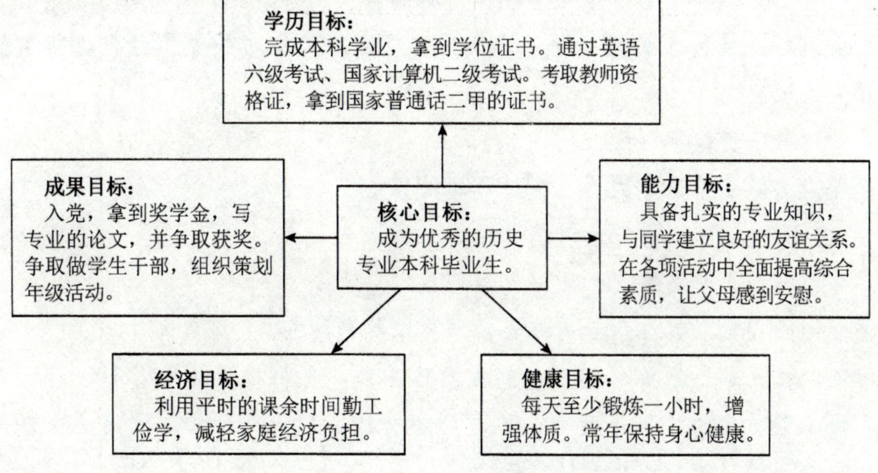

图 7-7　本科准备阶段

本人现状：目前专业成绩较好，且并不安于现状。在学习方面，吸取上学期经验，探索适合自己的学习方法，争取使成绩大幅度提高。在工作能力上，积极、主动参加年级“两委改选”、院辩论赛、记者团、运动会等，提高各方面的能力，扬长避短，锐意进取。

实施方案：

（1）通过英语四、六级考试（大二和大三）。

必要性：英语四、六级考试直接衡量一个人的英语水平，成了毕业生求职必不可少的武器。

可行性：客观条件，大学一、二年级开设公共英语课，此次我校本科教学评估要重点提高本科生英语的听、说、读、写能力。

主观条件：对英语有强烈的兴趣，相信事在人为，只要坚持每天听、读英语，就一定会达到目的。

（2）拿奖学金（大二和大四）。

必要性：家庭较困难，拿奖学金可以减轻父母的负担。大学里的首要目的是学习，争取拿奖学金可以更加有力地促进学习。成为优秀大学生有助于以后就业。

可行性：学习目的明确，坚持学习是第一位，平时学习较认真、刻苦。

（3）入党（大三）。

必要性：可以提高自己的思想政治素质和道德水平，提高自觉为同学和社会服务的意识，促使自己更加严格地要求自己。

可行性：已被确定为入党积极分子，参加入党积极分子培训，正接受党组织的

教育。

(4) 通过国家计算机二级考试（大三）。

必要性：计算机操作是当今社会的一门必修课。

可行性：已经通过计算机一级考试，具有一定的计算机技能。经常上机实际操作并自学计算机课程。

(5) 考取教师资格证（大四）。

必要性：教师资格证是成为一个教师的必要前提。

可行性：大学四年，师范生教育专业的系统培养。

(6) 努力提高自身的综合素质（大学四年）。

必要性：社会发展对毕业生的综合素质要求越来越高。

可行性：每天都要锻炼一小时，加强身体素质，保持健康体魄。积极参加各种活动，在实践中锻炼能力。与人为善，多与同学交流，扩大交际圈。利用课余时间参加社会活动、兼职等，为就业提前做准备。

2. 教育进修期的前期准备期（大三和大四）

目的：考取北京师范大学的历史系研究生。

原因：

(1) 北京师范大学是全国重点大学，历史专业的实力居全国高校前列。

(2) 本科教育不能满足我对知识和能力的追求。

(3) 北京是全国政治、经济、文化的中心，机遇很多，方便信息的收集和视野的开拓。

奋斗期：大学四年。

实施准备：

(1) 一定成为优秀的历史专业本科毕业生。

(2) 多阅读权威专业论文，向老师、辅导员、师兄师姐学习论文写作，锻炼写作能力。

(3) 搜索历史方面的资料，思考历史论点，准备个人论文。

(4) 关注考研动态，搜集考研信息。

(5) 加强英语学习的能力。

(6) 多与教授沟通、交流，以能者为师。

3. 教育进修期 2020~2023 年（23~25 岁）

（略）

4. 职业新人期 2023~2026 年（25~28 岁）

（略）

5. 职业过渡期 2026~2029 年（28~31 岁）

（略）

6. 职业发展期 2029～2035 年（31～37 岁）

（略）

7. 职业稳定期 2035～2043 年（37～45 岁）

（略）

8. 职业衰退期和离职（45 岁以后）

（略）

（三）评估调整及备选规划方案

职业生涯规划是一个动态的过程，必须根据实施结果的情况及变化进行及时的评估与修正。

1. 评估的内容

职业目标评估（是否需要重新选择职业）：假如硕士研究生毕业后在××市一直找不到合适的中学历史教师工作岗位，我仍不会放弃当教师的愿望。我将参加全国或其他省市的招聘考试，先到外省工作。工作几年后，再寻求机会回来参加应聘，在××市长期工作下去。

职业路径评估（是否需要调整发展方向）：假如由于家庭、自身工作能力等因素的影响，没办法胜任学校管理的工作，那么我将放弃向行政管理发展的计划，不再为争取担任学校副校长而努力。全心全意搞好历史教学，争取在科研、教育教学工作上多出成效。

实施策略评估（是否需要改变行动策略）：如果不能通过硕士研究生考试，我就先就业，以后再在职考研，继续进修。

其他因素评估（身体、家庭、经济状况以及机遇、意外情况的及时评估）：有突发情况出现，会更多地配合家人的需求，放弃一些事业的追求，把身心的健康、幸福放在第一位。始终秉持对他人负责的人生态度，为周围人的需要可适当减少个人的名利追求和物质享受。

2. 评估的时间

一般情况下，我定期（半年或一年）对前期的规划进行小结和评估，对未来的规划进行适当的调整。当出现特殊情况时，我会随时评估并进行相应的调整。

3. 备选职业规划方案

个体易受社会环境、家庭环境、组织环境、个人成长曲线等变化以及各种不可预测因素的影响，因此一个人的职业生涯发展往往不是一帆风顺的。为了更好地主动把握人生，适应千变万化的职场世界，拟定一份备选的职业生涯规划方案是十分必要的。

我的备选职业规划方案：2018 年 9 月，考取国家导游资格证书。在追求职业目标过程中若受到很大的阻碍，将考虑走迂回路线，先从事导游工作。

四、结束语

通过对职业生涯规划的设计，发现职业就等同于人生、等同于生活。春天播种，秋天收获，执着地追求总会有收获，生活难免遇上挫折，不应害怕变化，而应及早做好规划，应对变化。

对于职业生涯规划，我的认识是，一个人确定自己一生的理想目标，并根据这一目标来进行相关努力，这就是职业生涯设计。也只有通过精心地策划及不断地修正和努力，一个人才能实现自己的愿望，达到自己的目标，走上成功之路。虽然我不得不承认我的前途充满了许多不定因数，而且在计划实施过程中，还会遇到许多障碍，我的职业规划还有很多地方欠考虑，但我相信，有梦想，有行动，就一定有结果。只有通过努力奋斗，才能在现实的土地上，朝着理想不断迈进。过好每一天，全心全意地用行动诠释自己的梦想，用点滴勤奋去浇灌成功的花朵。（以上例文来自网络资料，略有修改、删节）

五、专家点评

这份大学生职业生涯规划书内容完备，信息充足，将多种专业测评与深入分析相结合，对自己的职业生涯做出了比较科学细致的规划设计。自我认知运用多种方法，对自身优势、劣势把握到位；职业认知部分，对环境、职业分析透彻，职业倾向和生涯目标定位明确；行动方案分期明确，策略和措施有效可行。

例文

职业生涯规划书

踏着时光的车轮，我已走到20岁的年轮边界。

驻足观望，电子、网络铺天盖地，知识信息飞速发展，科技浪潮源源不绝，人才竞争日益激烈，形形色色人物竞赴出场。不禁感叹，这世界变化好快。身处信息社会，作为一名当代大学生，我不由得考虑起自己的未来。在机遇与挑战粉墨登场的未来社会里，我究竟该扮演怎样一个角色呢？

水无点滴量的积累，难成大江河。人无点滴量的积累，难成大气候。

没有兢兢业业的辛苦付出，哪里来甘甜欢畅的成功与喜悦？没有勤勤恳恳的刻苦钻研。哪里来震撼人心的累累硕果？只有付出，才能有收获。未来掌握在自己手中。

由此想起过往岁月中的点点滴滴，我不禁有些惭愧。我对自己以往的表现不是很满意。我发现自己惰性较大，平日里总有些倦怠、懒散，学习、做事精力不够集中，态度也不够端正。倘若不改正，这很可能会导致我最终庸碌无为。不过还好，我还有改进的机会。否则，岂不遗憾终生？

一本书中这样写道：“一个不能靠自己的能力改变命运的人，是不幸的，也是可怜

的。”因为这些人没有把命运掌握在自己的手中。反而成为命运的奴隶。而人的一生中究竟有多少个春秋。有多少事是值得回忆和纪念的？生命就像一张白纸，等待着我们去描绘、去谱写。

而如今，在这个人才竞争的时代，职业生涯规划开始成为在人才争夺战中的又一重要利器。对企业而言，职业生涯规划是落实“以人为本”的人才理念，关注员工持续成长的一种有效手段；对每个人而言，职业生命是有限的，如果不进行有效的规划，势必会造成生命和时间的浪费。作为当代大学生，若是带着一脸茫然，踏入这个拥挤的社会，又怎能满足社会的需要，为自己赢得一席之地呢？因此，我试着为自己拟定一份职业生涯规划，将自己的未来好好地设计一下。有了目标，才会有动力。

一、自我盘点

（1）优势盘点：学习成绩优秀，班级群众基础好，受到父母、亲人、班主任、任课老师关爱。动手能力较强。

（2）劣势盘点：目前的手头经济状况较为窘迫，“海拔”高度不够，体质偏弱。

（3）优点盘点：做事仔细认真、踏实，友善待人，做事勤于思考，考虑问题全面。

（4）缺点盘点：性格偏内向，交际能力较差。

（5）兴趣爱好大盘点：听音乐、体育运动、看电影。

二、解决自我盘点中的劣势和缺点（略）

三、职业探索

并不是每个人一开始就可以选对自己的职业。职业之路可能要经过长期的探索，不断地调整。才能最终找到适合自己发展的道路。通过上面自我评估并结合职业价值观、综合素质与职业测评的结果，我找到了一条适合自己的职业生涯路——建筑工程技术专家。

（一）职业人格类型与职业价值观（略）

职业人格类型和职业价值观是职业选择的重要依据。社会型的职业人格类型和价值型取向职业价值观证明了我选择的职业路线是正确的、符合自己发展的。

（二）适合的职业特点（略）

不习惯有强烈的理想甚至成就目标，但会务实、尽心尽力地、一步步地达成部门或组织的目标。

（三）适合的职业

建筑工程技术专家、建筑工程技术人员。

（四）喜欢的职业

建筑工程技术专家。

（五）职业环境分析

目前我国建筑行业是一个较大的产业，会一直有人才需求。

（六）职业机会分析

根据自身的专长和优势，以及自己想去发展的城市寻求心仪的工作。

（七）自我建议

与工程实际更多的接触，争取更多的实习机会，通过多种途径了解工程实际情况。

四、求职能力分析

大学期间取得的优异的专业知识，对本专业的热爱以及各项社会实践，是我较大的优势。

五、职业目标

凡事业有成者都是目光远大者。我立志于做一位建筑工程技术专家。

(1) 短期目标：找一份合适的工作，毕业论文优秀。

(2) 中期目标：用五年时间成为企业优秀的建筑工程技术骨干人员，并获得相关职业资格证书。

(3) 长期目标：做一个名副其实的高级建筑工程技术专家。

六、职业生涯规划

（一）短期目标（两年计划）

找到专业对口的工作，从基层做起，把所学的理论和实际的工作相结合，积累工作经验。

（二）中期目标（五年计划）

前期几年工作经验的积累与扎实的理论知识相结合，在各种工作中已经历练了自己各方面的能力，在这五年，我立志要做一些属于自己的项目，锻炼自己的管理的综合能力。

（三）长期目标（十年计划）

向公司高管、业界标杆看齐，立志早日在业界有一番作为。

七、注意事项

为了成为这个领域的专家，有必要定期对自己的职业生涯做一次检测，看看自己达到什么样的程度，还有哪些是需要加强的，哪些目标是需要根据环境的变化而调整的。

八、结束语

计划固然好，但更重要的在于其后的具体实践并取得成效。任何目标，只说不做，到头来都会是一场空。然而，现实是未知多变的，定出的目标计划随时都可能遭遇问题。因此，我们要有清醒的头脑。其实，每个人心中都有一座“山峰”，雕刻着理想、信念、追求、抱负；每个人心中都有一片“森林”，承载着收获、芬芳、失意、磨砺。一个人，若要获得成功，必须拿出勇气，付出努力、拼搏、奋斗。成功，不相信眼泪；成功，不相信颓废；成功，不相信幻影，未来，要靠自己去打拼。

九、专家点评

这篇职业生涯规划书文采飞扬，极富感染力。对自己情况介绍简明扼要，职业倾向和生涯目标定位明确，社会环境、行业和职业分析深刻，策略和措施有效可行。

思考与练习

试写一份适合自己的职业生涯规划书。

参考文献

[1] 马峥涛，司卫乐．大学生职业生涯规划［M］．北京：中国水利水电出版社，2010.

[2] 郭志文，李斌成．大学生职业生涯规划［M］．武汉：华中科技大学出版社，2008.

[3] 李海燕．大学生职业生涯规划［M］．广州：中山大学出版社，2012.

[4] 曾长霞，吴正洋．大学生就业创业指导［M］．北京：科学出版社，2016.

[5] 寇宝明．大学生职业生涯规划［M］．北京：北京理工大学出版社，2016.

[6] 高志刚．大学生职业生涯规划与就业创业指导［M］．天津：南开大学出版社，2016.

[7] 罗明忠．大学生职业生涯规划与就业指导［M］．北京：科学出版社，2015.

[8] 孙昀．大学生创新创业教育［M］．北京：高等教育出版社，2014.

[9] 王妮娜，熊伟．大学生创新创业教育与实践［M］．北京：北京师范大学出版社，2016.

[10] 宋爱华．大学生职业生涯规划教程［M］．北京：化学工业出版社，2016.